Les finances publiques des missions diplomatiques et consulaires

Urbain Noël EBANG MVE

Les finances publiques des missions diplomatiques et consulaires

Préface de Jacques FAME NDONGO

L'Harmattan
Cameroun

Du même auteur

L'encadrement juridique de l'exploitation minière au Cameroun, L'Harmattan, 2015.

Le titre foncier au Cameroun. Recherche sur la spécificité d'un acte administratif unilatéral, L'Harmattan, 2011.

5-7, rue de l'Ecole-Polytechnique, 75005 Paris

http://www.editions-harmattan.fr

ISBN : 978-2-336-40237-6
EAN : 9782336402376

PRINCIPAUX SIGLES ET ABRÉVIATIONS

ACCT : Agence Comptable Centrale du Trésor

AEAP : Annuaire Européen d'Administration Publique

ANIF : Agence Nationale d'Investigations Financières

B.A.D : Banque Africaine de Développement

BEAC : Banque des États de l'Afrique Centrale

BIP : Budget d'Investissement Public

CAS : Compte d'Affectation Spéciale

CC Conseil Constitutionnel

CCSC : Chambre des Comptes de la Cour Suprême du Cameroun

CDBF : Conseil de Discipline Budgétaire et Financière

CEDEAO : Communauté Economique des États de l'Afrique de l'Ouest

CEMAC : Communauté Economique et Monétaire de l'Afrique Centrale

CONAC : Commission Nationale Anticorruption

CONSUPE : Contrôle supérieur de l'État

CTD : Collectivités Territoriales Décentralisées

DDHC : Déclaration des Droits de l'Homme et du Citoyen

DGCID : Direction générale de la Coopération Internationale et du Développement

DGTCFM : Direction Générale du Trésor de la Coopération Financière et Monétaire

DSCE : Document de Stratégie pour la Croissance et l'Emploi

FMI : Fonds Monétaire International

FONDAFIP : Association pour la Fondation Internationale des Finances Publiques

IFAC : International Financial Accountance

ISC : Institution Supérieure de Contrôle

GAR: Gestion Axée sur les Résultats

JOC : Journal Officiel du Cameroun

L.G.D.J : Librairie Générale de Droit et de Jurisprudence

LOLF : Loi Organique Relative aux Lois de Finances

MDC : Mission Diplomatique ou Consulaire

MINFI : ministère des Finances

NAO : National Audit Office

NGFP : Nouvelle Gouvernance Financière Publique

OCDE : Organisation de Coopération et de Développement Economique

OHADA : Organisation pour l'Harmonisation en Afrique du Droit des Affaires

PUAM : Presses Universitaires d'Aix-Marseille

PUC : Presses Universitaires du Cameroun

PUF : Presses Universitaires de France

PUP : Presses Universitaires de la Périphérie

RAEPS : Revue Africaine d'Études Politiques et Stratégiques

RAFIP : Revue Africaine de Finances Publiques

RASJ : Revue Africaine des Sciences Juridiques

RDP : Revue de Droit Public

RFDA : Revue Française de Droit Administratif

RFDC : Revue Française de Droit Constitutionnel

RFFP : Revue Française de Finances Publiques

RIDC : Revue Internationale de Droit Comparé

RIEJ : Revue Interdisciplinaire d'Études Juridiques

RIS : Rapport d'Informations du Sénat

RJEP : Revue Juridique d'Économie Publique

RPDA : Revue Pratique de Droit Administratif

RRJ : Revue de la Recherche Juridique

RSLF : Revue de Sciences et de Législation Financière

RGFP : Revue Gestion et Finances Publiques

SGFP : Statut général de la Fonction Publique

SND : Stratégie Nationale de Développement

TIC : Technologie de l'Information et de la Communication

SOMMAIRE

PRÉFACE

Hermétique par nature, le droit des finances publiques peut davantage se recroqueviller sur ce qualificatif péjoratif lorsqu'il se rapporte à l'activité diplomatique de l'État menée à travers ses agents exerçant géographiquement ailleurs, en relation avec d'autres États et organisations internationales. C'est dire que la maîtrise des aspérités et singularités des finances publiques des missions diplomatiques et consulaires n'est pas chose aisée. La complexité de la nature des attributions des représentations diplomatiques, maximisée par des considérations pratiques imposées au quotidien, du fait de leur éloignement physique, donne à voir une spécialisation du droit budgétaire et financier de l'action étatique.

Dès lors, le mérite de l'ouvrage de Monsieur le Professeur Urbain Noël EBANG MVE que je recommande vivement au public et à la communauté scientifique, est de lever le voile sur la conceptualisation, la matérialisation et le règlement des différends relatifs aux finances publiques diplomatiques et consulaires en même temps qu'il comble le vide quant aux règles, mécanismes et pratiques de ces finances publiques d'un type particulier.

Le sujet analysé est particulièrement intéressant en ce qu'il croise deux problématiques principales à savoir : celle des finances publiques, matière dynamique et réceptacle actuel d'une pléthore de réformes et celle de l'application du régime financier de l'État aux services et activités diplomatiques et consulaires. L'entreprise initiée par l'auteur permet aussi d'étudier l'imbrication des règles de droit financier interne dans celles du droit financier international ainsi que dans celles édictées par l'État hôte, pour les mêmes opérations. Dans ce cheminement scientifique, l'ouvrage pose un diagnostic sur la compétence des juridictions ainsi que la question de la justiciabilité des comptes des MDC.

Cette entreprise est très peu aisée, les liens noués entre les finances externes et internes et les flux engendrés étant multiples, complexes et d'interprétation délicate, au regard des réalités de la société internationale faites de particularismes et dotées d'originalités. L'auteur s'est livré à une analyse exhaustive, rationnelle et minutieuse des règles, opérations et techniques utilisées par les acteurs externes et internes visant à assurer le financement de la diplomatie ou de la politique extérieure de l'État.

En mettant à profit sa double expérience de praticien des finances publiques au plus haut niveau de l'Administration et d'enseignant des facultés de droit au service de ce chantier intellectuel, l'auteur a pu décrypter les problématiques théoriques essentielles afférentes à la logique interne du droit des finances publiques diplomatiques. Non sans avoir proposé une palette variée de solutions au cas par cas, il aura également su révéler, avec subtilité et pertinence, les préoccupations pratiques et les contraintes qui s'imposent à une juridiction diplomatique, du fait de son déploiement hors de son pays d'origine et de sa difficile adaptation aux règles de son État d'appartenance, tout autant que celles produites par l'État hôte et la société internationale.

La réflexion du Professeur EBANG MVE démontre, à merveille, qu'une branche spéciale des finances publiques, longtemps ignorée, appelée finances publiques des Missions diplomatiques et consulaires, existe bel et bien depuis des temps immémoriaux. Il est désormais question de l'approfondir davantage afin de l'inscrire définitivement au panthéon des sciences juridiques.

In fine, la rigueur et le talent qui constituent le bois dont est fait Monsieur le Professeur Urbain Noël EBANG MVE, transparaissent à travers son style simple et dépouillé, qui témoigne de sa stature d'académicien avéré.

Puissent ces écrits constituer un outil d'éclairage et d'investigation pour les diplomates, praticiens des finances, enseignants, chercheurs, étudiants et autres esthètes du savoir juridique !

Pr. Jacques FAME NDONGO

Ministre d'État, ministre de l'Enseignement supérieur.

INTRODUCTION GÉNÉRALE

Il n'existe pas d'État sans finances. En ce qu'elles contribuent à son fonctionnement en général et à la réalisation de sa politique intérieure et extérieure en particulier, les finances publiques constituent la condition *sine qua non* de la subsistance réelle et de la dynamique politique de l'État moderne. Sous ce rapport, elles doivent être considérées comme un instrument stratégique de gouvernance et de légitimation de l'action publique internationale.

Sous la plume des théoriciens de l'État[1], il est constant qu'au nombre des diverses missions qui lui sont dévolues, l'État exerce à titre principal, des fonctions dites régaliennes. Il s'agit en l'occurrence de la défense, la justice, la monnaie, la police et la diplomatie. Au rang de celles-ci, la représentation internationale occupe une place singulière[2]. En clair, la diplomatie est un aspect crucial de la vie d'un État sur lequel la plupart des États ne sauraient faire l'impasse dans un environnement mondial globalisé. Pour cause, à la faveur de cette fonction étatique, les États préservent leurs intérêts et maintiennent des rapports pacifiques entre eux. À l'examen de ces relations, maints auteurs au sein de la doctrine internationaliste à l'instar de

---

[1] MALBERG C., *Contribution à la théorie générale de l'État,* Paris, Dalloz, tome 1, p.70. Dans ce sens lire utilement BURDEAU (G), *L'État,* Paris, Seuil, 1970, p.41.

[2] Le Professeur Alain PLANTEY dans la même veine affirme que « *la diplomatie actuelle doit impérativement répondre à l'obligation de la veille permanente dans tous les domaines politique, militaire, scientifique et même technologique. L'État doit se doter des moyens nécessaires pour détecter d'éventuelles dérives dans le champ* », *Principes de la diplomatie-nouvelle*, Paris, Pedone, 2000, p.149.

GROTIUS, EMER de VATTEL, Heinrich TRIEPEL, Georg JELLINEK, Hans KELSEN, Léon DUGUIT, Georges SCELLE[3], ont systématisé et élaboré des théories y relatives.

Dans le prolongement de ces précurseurs, une nouvelle vague d'auteurs internationalistes spécialisés dans le domaine de la diplomatie et des relations internationales a développé les aspects liés à la construction de la société internationale, à la dynamique et à la pensée communautaire en sublimant les droits de l'Homme[4]. Toute chose qui a éclipsé certaines thématiques de la vie internationale, notamment les questions financières des organisations internationales et des missions diplomatiques et consulaires. Ces dernières n'ont souvent constitué qu'un appendice des analyses pourtant impressionnantes par leur quantité. Au réel, l'intérêt pour la matière juridique internationale n'est pas nouveau. Pour autant, l'étude des aspects normatifs des relations internationales, des relations interétatiques et de la diplomatie a rarement été étendue à la gestion financière des MDC. Couramment, les débats théoriques et pratiques portent aussi bien sur les règles du droit international que sur la description du système

[3] Voir à ce sujet, les développements effectués par DRAIN M., DUBERNET C., *Relations internationales*, Bruxelles, Bruyant, Coll., Paradigme, 22e Édition, 2017-2018, p. 34 et ss.

[4] LACROIX J., PRANCHERE J.Y., *Le procès des droits de l'Homme, Généalogique du scepticisme démocratique*, Paris, éd. Le Seuil, 2016. En matière de droits de l'Homme, voir aussi CABRILLAC R., FRISON-ROCHE M.-A., REVET T., *Libertés et droits fondamentaux*, Paris, Dalloz, 8e éd., 2002, 881 p ; DELMAS-MARTY M., DUCAS DE LEYSSAC C., *Libertés et droits fondamentaux*, Paris, Seuil, 2e éd., 2002, 468 p ; TROPER M., CHAGNOLLAUD D., *Traité international de droit constitutionnel,* Paris, Dalloz, tome 3, 2012, 825 p ; MINKOA SHE A., *Droits de l'homme et droit pénal au Cameroun*, Paris, Economica, 1999, 450 p.

international, l'analyse de son fonctionnement[5] et davantage aujourd'hui sur la question du multilatéralisme[6].

Épousant cette logique internationaliste de renforcement des rapports entre membres du village planétaire, les pays africains ont opté aux aurores des indépendances pour un positionnement sur l'échiquier mondial dans l'optique d'un développement harmonieux. Cette philosophie justifie qu'un État tel que le Cameroun ait ratifié les Conventions de Vienne du 16 avril 1961 sur les relations diplomatiques et du 24 avril 1963 sur les relations consulaires. Afin de matérialiser ces engagements, le Cameroun a résolu, pour tisser les liens avec les autres États, de créer plusieurs représentations diplomatiques à travers le monde, dont l'augmentation exponentielle au fil du temps, permet de dénombrer 35 ambassades et 25 consulats à l'étranger tandis qu'il abrite sur son territoire 39 ambassades et 50 consulats à date[7]. Partie intégrante du territoire national en vertu du principe d'extraterritorialité[8], chacune d'entre elles constitue une projection orthogonale de l'État auprès d'une juridiction diplomatique précise. Au quotidien, l'accomplissement de leurs missions nécessite des ressources financières, humaines et matérielles dont

---

[5] DRAIN M., DUBERNET C., *Relations Internationales*, Paris, Collection Paradigme, 22e Ed., 2017, p. 13.

[6] Lire utilement BALZAC T., BALZAC T., et alii (dir.), *Manuel de diplomatie*, Paris, Sciences Po, 2018.

[7] www.embassypages.com consulté le 5 mai 2022.

[8] L'extraterritorialité renvoie à la fiction du droit des gens selon laquelle les agents diplomatiques et ceux qui jouissent avec eux des immunités diplomatiques, les locaux diplomatiques, les bâtiments de guerre, les forces militaires, d'un État, certaines institutions internationales et leurs agents, les étrangers dans les pays de capitulations, seraient censés se trouver hors du territoire où ils se trouvent matériellement, ce qui expliquerait les immunités dont ils jouissent et le régime juridique qui leur est applicable. BASDEVANT, Dictionnaire, pp.280-281 cité par SALMON (dir), *Dictionnaire de droit international public*, Bruxelles, Bruylant, 2001, p.488.

l'utilisation et la gestion doivent se conformer aux impératifs étatiques de l'orthodoxie financière.

À la vérité, les MDC matérialisent par excellence les relations interétatiques. Il s'agit des prolongements territoriaux de l'État à l'étranger responsables des missions de représentation, d'information, de protection des intérêts, de négociation et de développement des relations amicales auprès de l'État d'accueil. Les relations internationales et interétatiques connaissent, aujourd'hui, un développement accéléré. Cette réalité est perceptible à la fois dans les domaines politique, économique, social, culturel, militaire, sportif. À n'en point douter, ce développement a constitué une donnée essentielle et réelle du 20^{e}siècle[9]. Il s'agit du siècle au cours duquel l'humanité s'est véritablement rendue compte de la nécessité de mettre l'emphase sur la solidarité dans la conduite des affaires mondiales ; ce qui n'est pas sans intérêt sur le plan de la politique intérieure de l'État.

À l'analyse, une lecture plus approfondie des enjeux nationaux et internationaux de l'État permet d'observer qu'entre le renforcement de la souveraineté dans l'État et la consolidation de la souveraineté de l'État, les finances publiques et davantage celles des MDC s'imposent en tant que nerf de la guerre. Cela l'est d'autant plus que : « *c'est une maxime constante et reconnue généralement dans tous les États du monde que les finances en sont la plus importante et la plus essentielle partie. C'est une matière qui entre en toutes les affaires* »[10]. Sans dénier la pertinence de ce diagnostic, Charles Étienne LEKENE DONFACK affirme pareillement qu'« *à l'évidence, les finances*

---

[9] De BERRANGER T., *Constructions nationales et constructions communautaires*, Paris, LGDJ, 1995, p. 14.

[10] Ces propos sont de Colbert, ancien ministre de Louis XIV dans ses Mémoires.

publiques sont à la base de toute action administrative, et aucune activité administrative ne s'exerce sans les finances publiques »[11]. Autrement dit, les finances publiques des MDC ne sont pas exclues de cette caricature téléologique assignée aux deniers publics. Elles constituent la source de financement de l'action publique internationale à finalité nationale ; les deux sphères étant, bien entendu, indissociables dans la considération et le positionnement stratégique de l'État au sein de la communauté internationale.

Selon toute vraisemblance, ces réflexions qui apparaissent visiblement comme anciennes demeurent d'une actualité indubitable pour l'État moderne. De ce fait, elles traduisent la réalité de la fondamentalité de cette filiation entre les finances publiques des missions diplomatiques et consulaires et la souveraineté dans toutes ses variantes. Autant l'État doit se consacrer à l'amélioration du cadre et des conditions de vie de ses habitants, autant doit-il se concentrer sur son positionnement et son rayonnement sur la scène internationale. Seulement, la précision s'avère nécessaire, la présente réflexion est orientée vers les finances publiques des missions diplomatiques et consulaires vues sous l'angle camerounais.

En tout état de cause, les lignes qui précèdent nous démontrent avec clarté, que les finances publiques des MDC sont, sinon absolument, du moins, prioritairement orientées vers le financement de la politique extérieure ou étrangère d'un État[12]. D'évidence, le constat participe substantiellement d'un syllogisme : « *tout État a une*

---

[11] LEKENE DONFACK E. C., *Finances publiques camerounaises,* Paris, Berger-Levrault, mars 1987, p. 16.

[12] MOUELLE KOMBI J. N., *La politique étrangère du Cameroun,* Paris, L'Harmattan, 1996, 238 p.

politique étrangère, or le Cameroun est un État, donc le Cameroun a une politique étrangère »[13]. Sous ce rapport, l'on comprend sans difficulté que les finances publiques des missions diplomatiques et consulaires sont consubstantielles à la politique menée par l'État en dehors des frontières[14].

In fine, pour mieux le saisir à titre liminaire, la focale sera mise sur l'analyse des éléments militant fondamentalement pour la spécificité des finances publiques des MDC, à savoir :

- Leur objet (I) ;
- Leurs enjeux (II).

---

[13]MOUELLE KOMBI J. N, *La politique étrangère du Cameroun, op.cit.,* p. 7. À en croire certains auteurs, la politique étrangère n'a qu'un seul objectif. Il s'agit de la protection et de la promotion de l'intérêt national. Pourtant, pour l'éminent auteur : « *le comportement d'un acteur étatique sur la scène internationale peut être déterminé par diverses finalités, allant de la préservation de son indépendance au développement économique en passant par la puissance militaire, la défense nationale, l'hégémonie, l'expansionnisme, l'impérialisme, la prospérité industrielle, le rayonnement culturel ou même le* prestige ».

[14] MERLE (M), *La politique étrangère*, Paris, PUF, 1984, p.7.

I. LA SINGULARITÉ DE L'OBJET DES FINANCES PUBLIQUES DES MDC

L'aspiration d'une discipline à l'autonomie passe par la constitution d'un objet et d'une méthode propres dans un contexte de déploiement particulier. Dès lors, loin d'affirmer l'autonomie de la matière en étude, le présent propos tend à la distinguer en soulignant la part de singularité, sinon l'originalité qui la caractérise en référence à la discipline scientifique de rattachement dont elle ne constitue qu'une facette. Recroquevillées à l'épine dorsale des finances publiques classiques, les finances publiques des MDC ne sauraient prétendre à une ipséité absolue toutes les fois qu'elles seraient comparées à leur champ scientifique de référence. À maints égards cependant, il serait difficile de ne pas détecter une démarcation certaine entre les finances publiques des services internes de l'État et celles des MDC. Cette distanciation entre le référent et le référé se nourrit de la variété des fondements, des règles, procédures, acteurs et problématiques inhérentes aux MDC.

Ainsi, la spécificité de ce champ du droit des finances publiques classiques tient à leur adjuvant à savoir les MDC. De fait, les finances publiques des MDC intéressent principalement la présentation des règles, des principes et des mécanismes financiers implémentés ou observés dans les MDC. Par conséquent, la réflexion menée à propos, ambitionne de présenter de façon synthétique et structurée[15], les diverses subtilités et méandres de la gestion budgétaire des MDC[16]. Au préalable, il importe d'éclairer

[15] En France, il existe une structure spécifiquement chargée de cette catégorie de Finances Publiques, Direction des F.P des MDC. www.diplomatie.gouv.fr, consulté le 6 juillet 2021.

[16]En substance, il s'agit des normes et principes d'élaboration, d'exécution ou encore des procédures de contrôle des différentes phases d'exécution de leur budget. Plus simplement, c'est une gestion qui

les aspects théoriques essentiels postulant une spécificité de la matière à l'aune de sa conceptualisation (A) et de sa consistance (B).

A. La conceptualisation d'un champ spécial des finances publiques

Dans leur globalité, les finances publiques ont fait l'objet de nombreuses études[17]. Cependant, les linéaments de cette matière demeurent obscurs lorsqu'il s'agit des MDC, motif pris du défaut d'approfondissement de la matière voire de son délaissement par la doctrine juridique dans son magistère au Cameroun comme ailleurs[18]. Dès lors, cette carence dans la réflexion théorique suscite dans l'âme du chercheur, le besoin d'organiser ou de systématiser les concepts et théorèmes qui s'en dégagent confusément. Dans cet élan, le premier vecteur de théorisation consiste en un éclairage suffisant[19] de la substance conceptuelle[20] des termes fondamentaux et déterminants pour la présente étude.

---

englobe aussi bien l'agencement des recettes et des dépenses en conformité avec les textes en vigueur, que les pratiques budgétaires et comptables dérogatoires propres à ces services extérieurs de l'État.

[17] Lire notamment BIDIAS B., *Les finances publiques du Cameroun*, Paris, Bordas, 1988.

[18] V. MUZELLEC R., « Diagnostic du système financier camerounais », *in,* Actes du colloque sur *la réforme du cadre juridique, pour une meilleure gestion des finances publiques au Cameroun,* Yaoundé 11, 12, 13 juillet 2001, pp. 27 – 32.

[19] EISENMANN C., *Cours de droit administratif,* Paris, L.G.D.J, Tome 1, 1982, p. 18.

[20] D'après Jean-Louis BERGEL, *« la définition d'un concept (...) consiste à donner le sens du mot qui le désigne d'après les éléments qui le constituent ».* BERGEL J. – L., *Théorie générale du droit..., op. cit.*, p. 195. Dans ce sens, lire utilement GADJI A., *Méthodologie et recueil d'articles en droit,* Abidjan, Groupe Médias, 2021, p. 14.

1. Le terme fondamental : « les finances publiques »

La notion de finances publiques occupe une place centrale dans la présente construction scientifique. Aussi, son appréhension doit-elle être précédée d'un rappel tout au moins sommaire de l'évolution de leur *conception classique*[21] ainsi que des mutations qu'elle a subies au fil du temps pour aboutir à la *conception moderne*[22] qui l'incarne aujourd'hui[23].

Relativement à la conception classique, Michel LASCOMBE, Xavier VANDENRIESSCHE dans le sillage de Loïc PHILIP, pensent que l'épopée classique des finances publiques[24] renvoie à la période au cours de laquelle les finances des pays européens se caractérisaient par une grande stabilité, une certaine cohérence et une profonde adhésion des hommes politiques de l'époque aux règles financières de la Révolution française[25].

Du point de vue de leur contenu, les finances publiques classiques comprennent d'une part, les recettes – divisées en trois catégories génériques : les recettes domaniales, recettes fiscales, recettes issues de l'emprunt – et les dépenses limitativement engagées pour financer le fonctionnement des seuls services publics liés aux missions régaliennes de l'État, notamment la justice, la police, la défense, et la diplomatie, d'autre part. Comme l'on peut donc si bien s'en apercevoir, il s'agit d'une conception liée

---

21 LASCOMBE M., VANDENRIESSCHE X., *Finances Publiques*, Paris, Dalloz, 2009, p.8.

22 *Ibid.*, pp.11-13.

23 LEKENE DONFACK E. C., *Finances publiques camerounaises, op. cit.* p. 25.

24 BOTTIN M., *Histoire des finances publiques*, Paris, Economica, 1997, p. 86.

25 PHILIP L., *Finances publiques, les problèmes généraux des finances publiques et le budget*, Paris, Cujas, 1971, p. 29.

à l'*État-gendarme*[26] qui inscrit la diplomatie au cœur même des finances publiques, comme faisant partie des missions régaliennes de l'État.

Par la suite, une conception moderne des finances publiques s'est fait voir, marquée par la légitimation, la généralisation et la permanence de l'intervention de l'État dans le secteur productif. Cette conception dite de « l'économie financière » [19] correspond à une logique *« dirigiste et interventionniste de l'État »*, mieux à l'*« Etat-providence »*, le *Welfare state* ou État faustien c'est-à-dire celui qui, outrepassant ses missions régaliennes, se charge d'assurer le bien-être des citoyens par l'intervention directe dans le cycle économique au moyen de l'investissement dans les secteurs productifs tant l'économie constitue la substantifique moelle des finances publiques.

In fine, ces pérégrinations conceptuelles conduisent à recenser trois éléments de définition des finances publiques. Il s'agit essentiellement des critères organique, technique et fonctionnel.

Les finances publiques selon le premier renvoient aux deniers détenus par les personnes morales de droit public, notamment l'État et les autres entités publiques. Le critère technique, quant à lui, s'intéresse aux opérations, procédés et mécanismes utilisés dans la gestion des finances publiques. Il s'agit, concrètement, des techniques appelées : « techniques financières » ou opérations financières.

---

[26] Il convient de souligner que l'État-gendarme est celui-là dont l'accomplissement des missions régaliennes (Justice, diplomatie, police, armée) épuise le rôle dans la société. Autrement dit, il s'agit d'un État dont le rôle se limite à assurer la justice, la police, l'armée, la diplomatie et la monnaie. BIDIAS B., *op. cit.*, p. 29.

Celles-ci sont au nombre de trois : la dépense publique[27], l'impôt[28] et l'emprunt[29].

Le critère fonctionnel ou finaliste appréhende les finances publiques à partir de leur but c'est-à-dire le financement de l'action publique, à travers la couverture des dépenses publiques et ensuite la réalisation des besoins d'intérêt général. Il s'agit concrètement des dépenses engagées par l'État en vue de remplir ses missions d'intérêt général[30].

Comme on peut le remarquer, la diplomatie qui constitue le discriminant de la présente étude a de tout temps été prise en compte comme mission régalienne de l'État ayant toujours nécessité la mobilisation des finances publiques pour être accomplie. Il est donc tout aussi important de donner un contenu à ce que l'on entend par Missions diplomatiques et consulaires.

---

[27] POLI R., « Les indicateurs de performance de la dépense publique », *R.F.F.P,* n° 82, juin 2003, pp. 107-114.

[28] DUMONT A., « Solidarité et nécessité de l'impôt », *LPA*, n° 137, 2018, p. 6. Toujours sur les questions fiscales, lire BOUVIER M., *Introduction au droit fiscal général et à la théorie de l'impôt,* Paris, L.G.D.J, 6e éd., 2004, p. 1. ; ABENG MESSI F., *Le territoire et l'impôt en droit fiscal camerounais,* Thèse de Doctorat/PhD. en droit public, Université de Yaoundé II, F.S.J.P, 20142015, 718 p ; BOUVIER M., *Introduction au droit fiscal général et à la théorie de l'impôt*, Paris, L.G.D.J, Coll. Systèmes, 13e éd., 2016, 272 p.

[29]Lire dans ce sens NERSISYAN Y. et WRAY R., « Un excès de dette publique handicape-t-il réellement la croissance ? », *Revue de l'O.F.C. E,* 2011 – 1, n° 116, pp. 173 – 190 ; MATHIEU C., STERDYNIAK H., « Finances publiques, sorties de crise… », *Revue de L'O.F.C. E,* 2011 – 1, n°16, pp. 17 – 60 ; LAMBERT A., « Dette publique : discours de la méthode », *in Nouvelle gouvernance financière publique : grands enjeux de demain, R.F.F.P.* n° 100, pp. 15 – 22.

[30]PONTIER J.-M., « L'intérêt général existe-t-il encore ? », *Recueil Dalloz*, 1998, pp. 327–339.

2. Le terme déterminant : « les missions diplomatiques et consulaires »

La détermination du contenu de la notion de MDC invite à distinguer au préalable ses dimensions organique et fonctionnelle. Il s'agit logiquement des deux orientations qui constitueront le fil d'Ariane de la théorisation des finances publiques en cause.

Selon leur dimension fonctionnelle, les missions diplomatiques et consulaires renverraient aux tâches accomplies pour le compte d'un sujet du droit international auprès d'un autre, à des fins de représentation, de protection, de négociation et d'information, par l'envoi d'agents diplomatiques ou consulaires[31]. À cette présentation, l'on aperçoit clairement qu'il s'agit des fonctions et attributions exercées par une entité de l'État concourant au fonctionnement de ses relations diplomatiques entretenues avec d'autres États.

La dimension organique, quant à elle, éclaire sur l'identité et le rôle des institutions-personnes concourant aux tâches de la diplomatie étatique. Au premier chef, elle permet de recenser les fonctions des ambassadeurs, des consuls ou des représentants de l'État auprès des organisations internationales, des émissaires et plénipotentiaires envoyés par l'État dans le cadre des rapports diplomatiques et consulaires. Sa seconde acception nécessite pour une bonne compréhension l'établissement d'un distinguo entre les missions[32] diplomatiques et les missions consulaires.

---

[31]CORNU G., Association Henri Capitant, (dir.), *Vocabulaire juridique,* Paris, P.U.F, Coll. Quadrige, 11e éd., 2017, p. 658.

[32] Il importe toutefois de préciser au préalable, la distinction à opérer entre *mission permanente* et *mission spéciale*. La première étant celle sur laquelle va surtout s'appesantir notre réflexion.

La lecture des Conventions de Vienne du 18 avril 1961, sur les relations diplomatiques ainsi que celle du 24 avril 1963 sur les relations consulaires, ne permet pas d'attribuer une consistance claire aux notions de mission diplomatique et de mission consulaire. Ce constat se vérifie au regard des dispositions des articles premiers desdits textes consacrés à la définition des expressions qui y sont utilisées. Par conséquent, toute tentative de définition ne peut être que le fruit d'une interprétation des dispositions desdites conventions.

Avant d'en faire l'exégèse, il faut souligner que le *Lexique des termes juridiques* appréhende la notion de *Mission diplomatique* comme l'*« organe diplomatique assurant la représentation d'un État auprès d'un autre État. Il est composé d'un ensemble de personnes : Chefs de Mission, Conseillers, Secrétaires des affaires étrangères, personnel administratif et technique »*[33]. C'est d'ailleurs ce qui ressort de l'analyse des dispositions pertinentes de la Convention de Vienne relative aux relations diplomatiques, laquelle nous permet de préciser qu'une Mission diplomatique peut être définie comme l'ensemble des moyens déployés par un État ou par une organisation intergouvernementale dans un autre État dans le but d'y

---

Dans son acception courante, la mission spéciale désigne en matière diplomatique, l'ensemble des *« Représentants d'un État chargés de se rendre auprès d'un autre État pour négocier un traité, discuter d'une question d'intérêt commun ou accomplir une tâche déterminée. Une mission spéciale est temporaire, généralement courte. Les membres de ces missions bénéficient en substance des mêmes privilèges et immunités que le personnel diplomatique d'une ambassade »*[32]. Le financement des missions spéciales est imputé au budget du service public concerné par la mission. Département fédéral des affaires étrangères (DFAE) de la Confédération suisse, *ABC de la diplomatie*, Berne, 2008, p. 21.

[33] GUINCHARD S., DEBARD T. (dir.), *Lexique des termes juridiques*, Paris, Dalloz, 2017-2018, p. 1515.

assurer sa représentation. La mission est donc constituée aussi bien de moyens personnels que de moyens matériels.

À s'y tenir, la mission diplomatique peut être appréhendée comme une entité commise par un État (État accréditant) auprès d'un autre[34] (État accréditaire) ou une organisation intergouvernementale (organisation accréditant). Elle prend corps dans l'activité réalisée à partir de la mise en commun des ressources matérielles, financières et humaines mises à disposition par cet État en vue d'en assurer la représentation auprès de son hôte pour ses citoyens[35]. En pratique, une mission diplomatique est généralement la mission permanente comprenant les représentants diplomatiques demeurant dans la capitale d'un autre pays ou d'une organisation internationale.

Les moyens personnels sont constitués d'après la Convention de Vienne sur les relations diplomatiques, du *« Chef de la mission »*, des *« membres de la mission »*, des *« membres du personnel de la mission »,* comprenant les membres du personnel diplomatique, du personnel administratif et technique de la mission. On y recense également des *« membres du personnel de service »,* entendus comme des membres du personnel de la mission employés au service domestique de la mission. De même, font également partie d'une mission diplomatique, les *« domestiques privés »* qui sont des personnes employées au service domestique d'un membre de la mission, sans pour autant être des employés de l'État accréditant.

Quant aux moyens matériels, il s'agit de l'ensemble des biens nécessaires à l'accomplissement de ses fonctions par la Mission. Il s'agit de biens de nature meuble et immeuble.

---

34 SALMON J. (dir.), *Dictionnaire de droit international public*, Bruxelles, Bruylant, 2001, p.710.

35 Article 1er (h) de la Convention de Vienne sur les relations diplomatiques.

S'agissant des biens immeubles, ils comprennent notamment ce que la Convention de Vienne désigne par l'expression « *locaux de la mission* » entendue comme « *des bâtiments ou des parties de bâtiments et du terrain attenant qui, quel qu'en soit le propriétaire, sont utilisés aux fins de la mission, y compris la résidence du chef de la mission* »[36]. Pour ce qui est des biens meubles, ils renvoient à tout bien de cette nature appartenant à une des catégories des personnels citées plus haut, utilisées pour le compte de la mission. Il s'agit notamment des véhicules, des effets diplomatiques tels que : la valise diplomatique, les outils de transmission ou des chiffres, etc.

Les missions consulaires à leur tour, doivent être appréhendées de manière analogue dans le cadre de cette étude, même si le droit international en établit un traitement conventionnel différencié par rapport aux missions diplomatiques[37] ; toute chose qui n'empêche que leur régime financier soit quasiment identique ou distinct dépendamment de la catégorie de Consulat[38]. Cela étant relevé, il convient de souligner qu'à l'instar de la mission diplomatique, la mission consulaire comprend d'une part, un personnel consulaire constitué :

- du « *chef de poste consulaire* » qui s'entend au sens de la Convention de Vienne de 1963 de la personne chargée d'agir en cette qualité ;
- des « fonctionnaires consulaires » qui sont des personnes, y compris le chef de poste consulaire, chargées en cette qualité de l'exercice de fonctions

---

[36] Article 1er (i) de la Convention de Vienne sur les relations diplomatiques.

[37] À la différence des missions diplomatiques, les missions consulaires sont régies par la Convention de Vienne sur les relations consulaires du 24 avril 1963.

[38] Voir *infra,* p

consulaires. Il existe deux catégories de fonctionnaires consulaires : les fonctionnaires consulaires de carrière et les fonctionnaires consulaires honoraires ;

- d'*« employés consulaires »* qui s'entendent de toute personne employée dans les services administratifs ou techniques d'un poste consulaire ;
- des *« membres du personnel de service »* c'est-à-dire toute personne affectée au service domestique d'un poste consulaire ;
- des *« membres du poste consulaire »,* il s'agit des fonctionnaires consulaires, des employés consulaires et des membres du personnel de service ;
- des *« membres du personnel consulaire »* qui comprennent des fonctionnaires consulaires autres que le chef de poste consulaire, des employés consulaires et des membres du personnel de service ;
- de tout *« membre du personnel privé »* c'est-à-dire une personne employée exclusivement au service privé d'un membre du poste consulaire.

Pareillement, elle détient des *biens nécessaires à l'accomplissement de ses fonctions* notamment :

- les *« locaux consulaires »* que la Convention appréhende comme des bâtiments ou des parties de bâtiments et du terrain attenant qui, quel que soit le propriétaire, sont utilisés exclusivement aux fins du poste consulaire ;
- les *« archives consulaires »,* c'est-à-dire tous les papiers, documents, correspondances, livres, films, rubans magnétiques et registres du poste consulaire, ainsi que le matériel du chiffre, les fichiers et les meubles destinés à les protéger et à les conserver.

À l'échelle des compétences par ailleurs, rappelons conformément à l'article 5 de la Convention de Vienne sur les relations consulaires que les fonctions consistent pour l'essentiel dans :

- la protection, l'assistance et la sauvegarde des intérêts des ressortissants de l'État accréditaire (notamment les personnes physiques et morales) le suivi des intérêts économiques à l'instar de la surveillance des navires, aéronefs, etc. ;
- le développement des relations commerciales, économiques, culturelles scientifiques à partir de leurs rôles d'information sur le contexte local prévalant dans ces divers domaines,
- la délivrance des documents de voyage tels que les visas aux ressortissants étrangers, l'établissement des actes notariés et d'état civil à ses nationaux.

En tout état de cause, cet inventaire des composantes et des biens d'une mission diplomatique ou consulaire est d'une importance indéniable. Car, il permet déjà de contribuer modestement à la question désormais prégnante de la maîtrise du patrimoine des entités publiques inscrite au cœur de la réforme des finances publiques[39]. C'est à ce niveau qu'il sied d'établir l'un des liens étroits entre les finances publiques et les relations diplomatiques et consulaires. Cette liaison consubstantielle entre ces deux domaines scientifiques s'observe tout au long de notre réflexion, car comme précédemment souligné, l'État a besoin de moyens financiers pour déployer sa politique extérieure. Toutefois, dans la structuration et l'organisation de ses Services extérieurs, une différenciation a souvent été

---

[39] BIAKAN J., « La réforme du cadre juridique des finances publiques au Cameroun : la loi portant régime financier de l'État », in ONDOA M., *L'administration camerounaise à l'heure des réformes*, l'Harmattan, 2010 p. 9 et s.

établie entre les services diplomatiques et consulaires à l'aune de leurs attributions et de leurs finances peu identiques. Ainsi, au gré des réflexions qui meubleront l'étude envisagée, il siéra de vérifier la thèse de la singularisation de la gestion administrative et financière des Consulats en fonction de la catégorisation entre Consulat honoraire et Consulat général.

B. La consistance de la notion de finances publiques des MDC

Les finances publiques des MDC s'intègrent dans le cadre général des finances publiques internationales[40]. À l'instar de leur discipline originelle de rattachement, elles sont susceptibles d'une triple acception au plan matériel, organique et fonctionnel.

Matériellement, les finances publiques renvoient aux moyens et opérations relatifs aux deniers publics[41]. Dans un sens analogue, Paul Marie GAUDEMET, et Joël MOLINIER relèvent que : « *les finances publiques constituent une richesse* (…) *un moyen d'action des collectivités publiques* »[42] employées par ces personnes

---

[40] Au-delà des finances des MDC, il comprend les règles financières de politique extérieure et des États, de la diplomatie financière des ONG, organismes et individus pris en tant que sujets de la scène internationale.

[41]BIAKAN J., « La constitution et les finances publiques au Cameroun », in *Mélanges en l'honneur de Joseph Owona, L'exception en droit,* Paris, l'Harmattan, 2021, p.229. MAGNET J., « La notion de deniers publics en droit financier français », *RSF*, 1974, pp. 44 -57. Lire également UHER V., BRIGAUD F., *Finances publiques*, Armand Colin, Coll. Horizon, 2015, 464 p.

[42]GAUDEMET P. – M., MOLINIER J., *Finances publiques,* Paris, Montchrestien, Coll. Budget / trésor, Tome 1, 6eéd., 1992, pp. 16-17. Pour approfondir la définition, lire utilement OLIVA E., « Essai de définition normative du domaine des finances publiques », *in Constitution et finances publiques, op.cit.*, pp. 493 – 514 ; SAÏDJ L., « Recherche sur la notion de finances publiques en droit constitutionnel

publiques, pour la satisfaction directe ou indirecte des besoins d'intérêt général. Dès lors, le sujet tire sa singularité de son biotope à savoir la diplomatie. Il est question en effet des deniers publics non seulement alloués aux MDC pour l'atteinte de leurs objectifs, mais aussi des fonds publics orientés vers l'implémentation de la politique étrangère de l'État.

Au plan formel, les finances publiques des MDC sont appréhendées comme une chapelle de la science des finances publiques. Elles se présentent conséquemment comme une matière qui a pour vocation de s'intéresser aux règles, aux principes juridiques ainsi qu'aux pratiques s'appliquant à la gestion financière des MDC. Cette dernière va de l'allocation des ressources et des recettes attendues au contrôle de leur utilisation ou de leur perception en passant par l'exécution proprement dite de toutes les opérations budgétaires.

Puisque, qui embrasse trop mal étreint, l'étude, quand bien même elle effleurera le cas de l'État du Vatican, n'inclura pas les finances des missions diplomatiques relevant de l'Ordre souverain de Malte, ou de certains pays tels que la Corée du Nord et la Russie dont les schémas, les outils et les mécanismes sont spécifiquement jonchés de particularismes[43]. Ces États ont certes un droit de légation,

---

et financier positif », *R.D.P*, 1982, p. 1302. Voir aussi le Décret n°2019/3187/PM du 9/9/2019 fixant le cadre général de la présentation de la nomenclature budgétaire de l'Etat ainsi que son annexe

[43] cf. TOSSERI O., *Le Vatican, une puissance financière à part*, Observatore Romano, 16 janvier 2020.

SENEZE N., *Le Trésor du Vatican*, Paris, P.U.F, Coll., Que sais-je ? /Repères 2017, p. 46. Pour l'auteur, les opérations financières du Vatican peuvent par moment empiéter sur la semi-légalité en raison de leur diversité et de leur secret. Voir aussi SIMONNOT Ph., *Les Papes, l'église et l'argent. Histoire économique du christianisme des origines à nos jours*, Paris, Fayart, 2005, 810 p.

mais ils ont une organisation *sui generis*[44]. Enfin, il est évident que les consulats honoraires disposent de budgets rarement financés par les États qu'ils représentent. Aussi, cette étude ne s'y appesantira que sommairement, quand bien même la normativité des finances publiques internationales leur serait applicable.

Au demeurant, l'apposition des MDC aux finances publiques démontre que la normativité[45] de cette matière tient à son application dans les pratiques sociales[46] des sujets de droit international[47]. Sa normativité trouve sa concrétisation aussi bien dans les traités, conventions et accords régulièrement ratifiés que dans la dynamique communautaire manifestée sur le plan des finances

---

[44] Rapport d'activités de l'Ordre souverain de Malte : les relations diplomatiques et consulaires de l'Ordre souverain de Malte concernent 110 pays, il aide à renforcer les relations entre les gouvernements des pays dans lesquels il est opérationnel ;

- Programmes médicaux ;
- Assistance sanitaire ;
- Aide aux pauvres, aux plus démunis, relève de la diplomatie humanitaire ;

V. D'ESLARY C., « La vie administrative à l'étranger : la situation juridique internationale de l'Ordre souverain de Malte », *La Revue administrative*, 11e année, n° 61, janvier-février 1958, pp. 72 – 79.

V. Marie-Thérèse PICTET ALTHANN, Ambassadeur, Observateur permanent de l'Ordre souverain de Malte auprès de l'office des Nations Unies et des autres Organisations internationales à Genève, 2 mai 2018.

[45] Lire : PICOT H., « D'un degré de la force normative : la force impérative en droit international public », in THIBIERGE C. et alii (dir.), *op. cit.*, pp. 345–358. ; ARNAUD A. – J., « La force normative, pierre angulaire d'une intelligence juridique », in THIBIERGE C. et alii (dir.), *op. cit.*, pp. 13 – 17. ; GENIAUT B., « La force normative des standards juridiques. Éléments pour une approche pragmatique du droit », in THIBIERGE C. et alii (dir.), *op. cit.*, pp. 183–197.

[46] BRUNET F., *La normativité en droit*, Paris, Mare & Martin, 2012, 678 p.

[47] MALBERG R. C., *Contribution à la théorie générale de l'État*, Paris, Dalloz, 2004, 638 p.

publiques par une production soutenue des normes,[48] ainsi que des décisions de justice internationale dont le lien peut plus ou moins être établi avec cette matière.

De même, son ancrage dans le droit interne prend source de l'État dans le régime financier[49], dans les différentes lois de finances et dans les textes réglementaires qui encadrent les finances publiques. Ce qui bien qu'étant embryonnaire, en fait un support normatif à vocation financière[50].

Ce qui précède consacre l'existence des finances publiques des missions diplomatiques et consulaires comme matière intéressante, dérogatoire au droit financier commun, faite de particularismes et bâtie sur un cadre juridique reposant sur les règles dérogatoires aux finances publiques habituelles en même temps reposant autant sur des textes étatiques que sur les instruments supra étatiques.

---

[48] Il s'agit majoritairement des Directives CEMAC qui structurent le cadre harmonisé de gestion des finances publiques dans les États de la communauté. On peut citer à juste titre les directives : N° 06/11 - UEAC-190-CM-22 relative au code de transparence et de bonne gouvernance dans la gestion des finances publiques ; N° 02/11 -UEAC-190-CM-22 relative au règlement général de la comptabilité publique ; N° 01/11 -UEAC-190-CM- 22 relative aux lois de finances ; N° 03/11 -UEAC-195-CM-22 relative au plan comptable de l'État ; N° 04/11 - UEAC-190-CM-22 relative à la nomenclature budgétaire de l'État ; N° 05/11 -UEAC-190-CM-22 relative au tableau des opérations financières de l'État.

[49] Sur ce point, il faut en effet remarquer qu'au lendemain de son indépendance, le Président de la République fédérale du Cameroun édictait l'ordonnance n° 62/0F/4 du 7 février 1962 portant régime financier de la République fédérale du Cameroun. Cette ordonnance avait été modifiée par la loi n° 2002/001 du 19 avril 2002.

[50] Loi n° 2002/001 du 19 avril 2002 portant modification de certaines dispositions de l'ordonnance n° 62/OF/04 du 7 février 1962 réglant le mode de présentation, les conditions d'exécution du budget de la République fédérale du Cameroun, de ses recettes, de ses dépenses et de toutes les opérations s'y rattachant.

Les différents supports normatifs sus évoqués non présentés de manière exhaustive montrent qu'il s'est bâti au fil des années un domaine des finances publiques jusqu'alors ignoré : celui des finances publiques des missions diplomatiques et consulaires. Il s'agit d'un domaine spécial des finances au regard de sa transversalité. En plus du lien étroit qu'il entretient avec la diplomatie, le droit international et les finances publiques interne et internationale, il tient également compte des exigences financières du pays d'origine et d'accueil des MDC.

Par ailleurs, il est clair aujourd'hui que les finances publiques des MDC évoluent sous l'égide du régime financier de chaque État dont elles font partie. Au Cameroun, la loi de 2018[51] en tient lieu de socle. Bien que relevant d'un domaine spécifique, elles doivent se soumettre aux exigences de transparence[52] et de performance. Directement issus du régime financier de l'État et de la logique programmatique budgétaire qu'il véhicule, ces impératifs sont exigés aux services publics de l'État, dans le cadre de la gestion axée sur les résultats. Les MDC, en tant qu'acteurs des finances publiques, doivent s'arrimer à cet outil de performance. Elles se déploient dans l'État et au-delà. En tout état de cause, il apparaît assez évident que les ordres normatifs interne et international sont consubstantiels [53]et imbriqués dans l'encadrement de la

---

[51] Loi n° 2018/012 du 11 juillet 2018 portant régime financier de l'État et des autres entités publiques.

[52] Loi n° 2018/011 du 11 juillet 2018 portant code de transparence et de bonne gouvernance dans la gestion des finances publiques.

[53] ROCHER G., « Réflexion théorique et études empiriques aux frontières de l'internormativité », in ROBERT Ph., SOUBIRAN-PAILLET F., VAN DE KERCHOVE M., (dir.), *Normes, normes juridiques, normes pénales. Pour une sociologie des frontières*, Paris, L'Harmattan, t.1, 1997, pp. 95-114 ; CARBONNIER J., « Les phénomènes d'internormativité », in *Essais sur les lois*, Paris, Répertoire du notariat Defrénois, 1979, p. 251. Comme l'explique

gestion financière des missions diplomatiques et consulaires au même titre que celles-ci le sont avec d'autres disciplines scientifiques. Toute chose qui fonde leur interdisciplinarité.

Les finances publiques des MDC se situent à la lisière de plusieurs disciplines. Elles tiennent ce statut de matière carrefour de l'interdisciplinarité[54], qui émane de leur connexité au domaine des relations internationales, de leur filiation avec le domaine de l'économie politique[55] au sens de Raymond BARRE[56]. Ceci justifie que les enjeux qu'elles mobilisent se déploient dans un contexte tout aussi spécifique.

II. LA PARTICULARITÉ DES ENJEUX DE SON DÉPLOIEMENT

En quête d'affirmation, le contexte de déploiement des finances publiques des MDC est partout pavé d'intérêts et d'enjeux qui enserrent la théorie (A) et la réalité concrète des services extérieurs de l'État (B).

A. Les enjeux épistémologiques

Les enjeux épistémologiques des finances publiques des MDC sont riches et perceptibles par le truchement de la justification théorique et pratique de cette réflexion.

---

l'auteur, l'ambition sous-jacente de cette entreprise était que de cette confrontation jailliraient la différence, le critère de juridicité, la définition du droit.

[54] MVELLE G., « Interdisciplinarité et pluridisciplinarité en science politique : contribution à une meilleure gestion des inconscients académiques chez le jeune chercheur », *R.A.D.P.S*, n° 5, 2008, pp. 247 – 264.

[55] BARRE R., *Économie politique*, Paris, PUF, Coll. Thémis, tome 1, 1955, 723 p.

[56] *Ibid.*, p. 135.

À l'échelle théorique, une étude sur les finances publiques des MDC justifie de son intérêt à travers la pertinence de son apport scientifique. La raison première étant l'état quasi désertique qui caractérise ce champ des finances publiques. En effet, lorsque l'on nourrit le désir de se faire une idée des règles qui régissent les finances publiques de ces excroissances de l'État, force est de se rendre compte de l'abandon de cet aspect du droit financier de l'État dans les différents manuels disponibles[57]. Il s'agit donc d'un objet tantôt minoré, tantôt périphérisé, oublié, voire ignoré. Cette étude apparaît donc, comme une

57 Cette affirmation est vérifiable à travers l'analyse du contenu de certains grands ouvrages contemporains de finances publiques. Il s'agit notamment de :

- BOUVIER M., ESCLASSAN M. – C., LASSALE J. – P., *Finances publiques*, Paris, L.G.D.J, Montchrestien, 18e éd., 2019 – 2020, 1024 p.
- CATTEAU D., *Finances publiques, droit budgétaire, comptabilité publique*, Paris, Coll. Hachette, 6e éd., 2019 – 2020, 168 p
- CHOUVEL F., *Finances publiques*, Paris, Gualino, 14eéd., 2011, 240 p.
- COLLET M., *Finances publiques*, Paris, L.G.D.J, 3eéd., 2018 – 2019, 531 p.
- DAMAREY S., *Finances publiques*, Paris, Gualino, 7e éd., 2019 – 2020, 216 p.
- DOUAT E., *Finances publiques : finances communautaires, nationales, sociales et locales*, Paris, P.U.F, 2002, 523 p.
- DUVERGER M., *Finances publiques*, Paris, P.U.F, Coll. Themis, 9eéd., 1978, 829 p.
- GAUDEMET P.-M., MOLINIER J., *Finances publiques*, budget / trésor, Paris, Montchrestien, 6e éd., Tome 1, 1992, 565 p.
- LEKENE DONFACK E. C., *Finances publiques camerounaises*, Paris, Berger-Levrault, Coll. Mondes en devenir, Mars 1987, 490 p.
- LALUMIERE P., *Les finances publiques*, Paris, Armand Colin, 8e éd. 1986, 543 p.
- LAFERIERRE J., WALINE M., *Traité élémentaire de sciences et de législation financière*, Paris, L.G.D.J, 1952, 581 p.

NB : La liste n'est pas exhaustive.

contribution novatrice à la construction d'une théorie des finances publiques dans leurs dimensions diplomatiques et consulaires. Son ambition fondamentale tient à la théorisation et à la systématisation des finances des services extérieurs de l'État. Dans cette entreprise, une ligne de démarcation de ces finances sera tracée d'une part entre les opérations des services extérieurs de l'État et celles de ses Services centraux, dans l'optique de les différencier. En bref, il s'agit à partir d'une approche à la fois synthétique et analytique :

- de répertorier et d'analyser la législation relative à ces finances publiques spécifiques ;
- de présenter les textes et procédures y relatifs ;
- de penser le droit positif, de restituer l'état du droit en la matière ;
- de mener une étude comparative pionnière des règles des finances publiques des MDC au regard de leur diversité observée dans les États ;
- d'identifier, d'analyser et d'interpréter les règles juridiques à la base de la gestion des ressources financières, adossées aux ressources matérielles et humaines des missions diplomatiques et consulaires ;
- de recenser les points saillants de ces finances, de présenter les questions pendantes, résolues ou non, dans ce domaine.

Au concret, la justification pratique de l'investigation intellectuelle engagée se mesure au-delà de sa plus-value scientifique, à l'élucidation des problématiques réelles que pose au quotidien la gestion budgétaire au sein des représentations diplomatiques et consulaires[58]. De ce point

[58] V. Légifrance, JORF N° 0008 du 10 janvier 2013, texte n° 25, arrêté du 31 décembre 2012 relatif à la création de la direction spécialisée des Finances publiques pour l'étranger, cf. article 4 qui dispose clairement

de vue, elle entend faciliter l'appréhension des difficultés financières des MDC en mettant la focale tant sur les difficultés pratiques rencontrées au sein des représentations diplomatiques et consulaires dans les règles de gestion des fonds, dans la maîtrise et l'utilisation du patrimoine d'une part, sur les écueils, les vides et non-dits du droit des MDC dans la gestion des ressources humaines, dans l'élaboration du budget, l'organisation du contrôle et du suivi des opérations financières, d'autre part.

D'une manière générale, les décisions judiciaires ont été retenues en raison de l'intérêt pour le droit visé et des démonstrations à faire. Ces décisions de justice émanant invariablement des juridictions nationales et internationales ont été interprétées et exploitées sur la base des principes directeurs de la jurisprudence.

In fine, cette trajectoire vise une meilleure auscultation et une véritable intelligibilité de la matière. Il apparaît alors assez évident que la gestion des finances publiques des MDC se caractérise par sa complexité, ses imprécisions et ses incertitudes. Pour ce mobile et contre l'hermétisme qui caractérise le domaine, l'aspiration de la réflexion entreprise est de poser les jalons visant son éclosion. Point n'est besoin de rappeler ici que cette complexité est déterminée par celle qui singularise la société internationale. En clair, la complexité de la gestion concerne le recensement des règles juridiques en insistant sur la question des règles de procédure, sur la détermination des compétences budgétaires des acteurs internes et externes de la gestion ainsi que sur les difficultés inhérentes

---

que : « *la direction spécialisée des finances publiques pour l'étranger assure des missions particulières relatives au recouvrement des recettes publiques, au paiement des dépenses publiques, à la gestion de la trésorerie ainsi qu'à la gestion financière et comptable des services de l'État représentés à l'étranger, définis par décret* ».

à l'exécution des dépenses ou des recettes des MDC. A ces difficultés, il ne serait pas superflu d'adjoindre les obstacles liés à l'éloignement de ces services extérieurs de l'État parfois situés à des distances assez longues, qui favorise la distorsion et l'inefficacité des applications et des outils informatiques utilisés dans la préparation et l'exécution du budget.

En réalité, les questions sus évoquées tiennent sur plusieurs points comme l'attestent les situations concrètes au fondement de la présente réflexion. En première illustration, on peut citer, entre autres, l'absence d'une commission de passation des marchés auprès des représentations diplomatiques. De même, la présence factice des services chargés de la comptabilité matières inféodée à la paierie. Un autre site d'opacité révélé par la réflexion est la multiplicité d'ordonnateurs nationaux ayant des compétences pour les opérations internationales, ce qui complexifie le circuit financier des MDC. Dans cette veine, émergent quant à l'identification, la quantification, le recouvrement et à l'émission des recettes de même qu'à leur reversement systématique au trésor public[59] tout comme le suivi des arriérés et des restes à payer motif pris des pesanteurs et rigidités de l'architecture administrative. Les statistiques inhérentes aux recettes restent souvent très attendues. Enfin, il est à noter des écueils relatifs au taux de change générées par l'instabilité déjà consacrée de la société internationale[60] et au cours des monnaies utilisées et

---

[59] Voir à ce sujet, RAFA'A B. A., *Le Trésor public est-il une caisse unique installée dans la capitale politique ?* in *Le Trésor public en Tunisie, rôle et fonctions*, Tunis, Centre d'études et de recherches et de publications 1981.

[60] Dans ce sens, le conflit politico-militaire qui oppose la Russie à l'Ukraine est suffisamment révélateur des impacts des troubles diplomatiques sur la monnaie et l'économie des États. Voir Le figaro, Guerre en Ukraine : le rouble en très forte chute à l'ouverture des cotations, www.Lefigaro.fr, consulté le 08 mai 2022.

la multiplicité des zones monétaires dans lesquelles se déroulent les opérations financières des MDC et dont les relations alternent entre quiétude, délicatesse et conflit.

En ce qui concerne les difficultés inhérentes aux opérations budgétaires, on évoquera inévitablement celles liées à la laborieuse maîtrise des dépenses incompressibles, l'extrême variété des problèmes portant spécifiquement sur les délégations ponctuelles de crédits. La remontée de l'information budgétaire et comptable, véritable mythe de Sisyphe, reste une activité répétitive et mal maîtrisée. De même, il convient aussi de relever la laborieuse identification des dépenses purement diplomatiques et consulaires à date. Sans avoir la prétention d'épuiser ce florilège de difficultés, il est indiqué de présenter les plus saillantes qui parfois plombent le fonctionnement de ces services véritablement extérieurs et névralgiques de l'État.

Dans le panorama des difficultés les plus usuelles, on citera entre autres : les opérations de *reporting*, la question du recrutement et de la rémunération, la gestion des carrières et le contrôle interne du personnel, la disponibilité relative et la maîtrise des textes encadrant la gestion des ressources humaines des MDC. En effet, dans certaines représentations diplomatiques, les plans de gestion des ressources humaines ne sont pas toujours dressés, le volume d'emplois contractuels impliquant le personnel local, expatrié et national n'est pas toujours explicitement déterminé, surtout qu'il devrait répondre autant aux normes de l'État employeur qu'à celles du pays d'accueil. Mention sera également faite des difficultés relatives à la légalité des recrutements du personnel sur place, de la diversité des statuts et des nationalités des personnels des MDC qui complexifient la cohabitation dans les services des MDC dans un contexte de conflits corporatistes entretenu par l'absence d'un cadre normatif ou aux carences des statuts lorsqu'ils existent.

De ce qui précède, il ressort que l'étude vise par sa substance et sa pertinence un objectif principal : l'étude des textes, la présentation des procédures. L'analyse de ces textes en relation avec les dépenses et les recettes des MDC (avec une emphase sur la préparation, l'exécution et le contrôle du budget). Visant l'ambition d'ouvrir une fenêtre permettant d'appréhender ces finances spéciales, elle a donc vocation à fournir des appoints sur les règles techniques et la méthodologie de la préparation, de l'exécution et du contrôle du budget des MDC, ainsi que sur bien d'autres aspects dans les domaines financier et comptable. Elle permet dès les starting-blocks de répertorier les textes de ces finances spéciales qui se déploient au-delà des frontières des États[61]. Au fondement de cette étude s'ajoute également l'investigation relative à l'analyse des ressorts de la différence, pas souvent évidente, entre le budget des missions diplomatiques et des missions consulaires.

Cette étude prend appui sur les contributions spécifiques de certains États, notamment sur les cas du Burkina Faso ou du Bénin ainsi que de la France. Ce dernier État dans sa loi des finances, regroupe ces opérations dans les actions extérieures de l'État[62]. L'étude des MDC, aux plans financiers et comptables, menée par Yves Francis NONGANA dans son ouvrage intitulé *Gestion financière et comptable des MDC du Burkina Faso à l'étranger*[63]rend

---

[61]MERLE M., *Sociologie des Relations internationales*, Paris, Dalloz, 1974, 436 p. Dans ledit ouvrage de référence, l'auteur entendait par Relations internationales : « *l'ensemble des transactions ou des flux qui traversent ou qui tendent à traverser les frontières* ».

[62]Lire dans ce sens la loi des Finances de la République française, exercice 2018, actions extérieures de l'État, actions de la France en Europe et dans le reste du monde.

[63]NONGANA Y., *Gestion financière et comptable des MDC du Burkina Faso à l'étranger,* Découvertes du Burkina, 2019, 83 p.

compte de la façon dont ce pays gère ses services extérieurs aux plans financiers et comptables.

Toutefois, les difficultés recensées par cet auteur burkinabé sont soulignées avec plus d'emphase par John AKOKPARI dans sa publication intitulée *Challenges of diplomacy practice in Africa*[64]. L'auteur procède à une synthèse des analyses sectorielles de la doctrine de différents pays consistant pour l'essentiel en une évocation de rares et timides réussites et déboires des États et des organisations sous régionales dans l'atteinte de leurs objectifs en diplomatie du fait des résultats négatifs des politiques internes des États. Cette analyse concerne plusieurs États et Organisations sous-régionales dans le monde et elle remet au goût du jour, entre autres, la problématique de la gestion financière et comptable des MDC, thème principal du présent ouvrage[65]. Cette rationalisation souvent voulue n'est toujours pas effective de façon à mieux distinguer et à séparer les recettes et les dépenses consulaires de celles qui sont purement diplomatiques.

L'expérience de la plupart de ces États démontre un effort de rationalisation de ces finances publiques. Mais cette entreprise a souvent enregistré un faible coefficient de réussite dans un monde essentiellement changeant, marqué par la recrudescence du terrorisme, des pandémies, des crises politiques ainsi que par l'instabilité des priorités en matière de développement.

---

[64]AKOKPARI J., « *Challenges of diplomacy practice in Africa* », Journal for Contemporary History 41(1), pp. 1-17.

[65] Remarkably, such failures are not only typical of diplomacy targeting external actors, but are equally visible in intra-African diplomacy. John AKOKPARI.
The challenges of diplomatic practice in Africa – Request PDF- html-71 University of Cape Town, Australia-Ghana, Nigeria-Slovenia, Côte d'Ivoire, Libya, Burundi, Zimbabwe, Greece.

Au demeurant, les analyses qui précèdent démontrent à suffisance que les finances publiques des MDC se trouvent au confluent d'enjeux saisis à travers une systématisation duale. Cette dualité découle des enjeux purement juridiques et épistémologiques ravivés par les incontournables faits et réalités sociologiques à côté des enjeux sociologiques.

B. Les enjeux socio-économiques

La sociologie des relations internationales analyse, entre autres, le comportement des acteurs des relations internationales. Ils sont des acteurs étatiques et transnationaux. À ce titre, l'approche empirique de cet environnement fait état de ce que, le comportement desdits acteurs est plus conditionné par leur capacité financière. Cette dernière s'accompagne substantiellement d'une gestion assujettie aux règles nationales et internationales en matière de finances publiques. Dans cette perspective, il appert que les déterminants sociologiques influencent significativement de manière concrète les procédures d'élaboration, d'exécution et de contrôle de l'exécution des budgets des missions diplomatiques et consulaires en tant que démembrements d'une catégorie d'acteurs. De toute évidence, la mise en perspective de la gestion financière de ces acteurs et de la sociologie internationale nous laisse observer par réalisme, une gestion budgétaire prise dans l'étau de la nouvelle gouvernance financière publique, et de l'instrumentalisation de l'action publique internationale.

Pour ce qui est de ce premier palier d'affirmation, il faut préciser *prima facie* que les finances publiques des MDC ne sont pas dissociables du cadre de gestion des finances publiques de l'État. Grâce à cette affirmation, on peut aisément penser en outre que « *tout État doit se moderniser pour relever les défis auxquels il est confronté* »[66]. La

[66]MORDACQ F., « Modernisation et réforme de l'Etat, au service des finances publiques », *R.F.F.P,* n° 100, Novembre 2007, pp. 303 – 312.

modernisation des États et partant de la gestion des finances publiques est orientée vers la logique de performance portée visiblement par la mondialisation de la nouvelle gouvernance financière publique.

En substance, la nouvelle gouvernance financière publique est une philosophie managériale qui introduit certains principes dits modernes dans la gestion des finances publiques[67]. Elle est diversement appelée « *la nouvelle gestion publique* »[68] ou encore « *la gestion axée sur les résultats* »[69]. Cette approche a pour principal objectif de mettre en place un système de gestion par la performance[70]. En clair, elle accorde une importance majeure aux résultats et met la performance au cœur de toute action de l'État. Elle vise alors deux principaux objectifs : « *la maîtrise des dépenses publiques et l'instauration d'une bonne gouvernance financière avec la*

---

[67]MOYUM KEMGNI G., « La nouvelle gouvernance financière au Cameroun », *R.A.S.J,* vol. 8, n° 2, 2011, pp. 293-329.

[68] MERRIER F. X., « La nouvelle gestion publique, un concept mythique », *Lien social, R.I.A.C*, 41, 1999, pp. 95–103.

[69] BOURGAULT J., « La mise en œuvre de la gestion axée sur les résultats, leçons tirées de l'expérience québécoise », *R.F.A.P*, n° 109, 204, pp. 109 – 128.

[70] Lire à ce sujet, KANKEU J., *La réforme de l'État par la performance,* Yaoundé, P.U.P, Mars 2012, 208 p., lire utilement : PERRIN B., « Réforme du management public. Cap sur la performance et les résultats », *in* Actes du colloque sur *la réforme du cadre juridique, pour une meilleure gestion des finances publiques au Cameroun,* Yaoundé, les 12 et 13 juillet 2001, pp. 75 – 82. ; CATTEAU D., *La LOLF et la modernisation de la gestion publique, la performance, fondement d'un droit public financier rénové*, Thèse pour le Doctorat en droit public, Université de Lille II, 2005, 556 p. ; TONI M. E., « Crise des finances publiques et démarche de performance : Echos d'ailleurs », *in* MEDE N., (dir.), *La LOLF dans tous ses états*, Actes du colloque national des 13 et 14 février 2015, Centre d'Etudes et de Recherches sur l'Administration et les Finances (C.E.R.A.F), Université d'Abomey – Calavi, pp. 169 – 201.

mise en place de bonnes pratiques de gestion »[71]. Ainsi se présente la nouvelle configuration de la normativité des finances publiques des missions diplomatiques et consulaires qui n'est pas sans influence sur le rayonnement, l'image de marque de l'État tout autant que sur la transformation des structures et du cadre de vie des citoyens.

En somme, les finances publiques des missions diplomatiques et consulaires n'échappent pas à l'exigence courante de la performance au-delà des écarts observés entre les cadres théorique et empirique. Dans une perspective binaire, le présent ouvrage est structuré ainsi qu'il suit :

- l'identification des finances publiques des MDC (**Première partie**) ;
- l'opérationnalisation des finances publiques des MDC (**Deuxième partie**).

---

[71]MOYUM KEMGNI G., « La nouvelle gouvernance financière au Cameroun », *op.cit*. p.296.

PARTIE I

L'IDENTIFICATION DES FINANCES PUBLIQUES DES MISSIONS DIPLOMATIQUES ET CONSULAIRES

L'investigation scientifique sur la conception des finances publiques des MDC ramène aussi bien à la consistance de leur budget (**Chapitre II**), qu'à l'élaboration (**Chapitre I**) de celui-ci à l'aune de leurs spécificités. Les aspérités inhérentes aux finances publiques de ces entités invitent à mettre un point d'honneur sur les phases fondamentales de leur processus budgétaire.

CHAPITRE I

L'ÉLABORATION DU BUDGET DES MISSIONS DIPLOMATIQUES ET CONSULAIRES

Nécessairement impactées par la situation économique de l'État[72], les finances publiques camerounaises ont fait l'objet d'une stratégie d'amélioration de la gestion des dépenses manifestée par une réorientation de la dynamique budgétaire vers une logique programmatique. Cette grande réforme budgétaire amorcée avec la loi du 26 décembre 2007 [73]a évidemment affecté les principes d'élaboration du budget de l'État et de ses démembrements, notamment au sein des missions diplomatiques et consulaires[74]. Avec l'irradiation de la nouvelle gouvernance financière dans la vie publique, les procédures d'élaboration du budget se trouvent dans une spirale managériale mue par l'objectif de performance et le culte du résultat[75].

Dès lors, saisir les linéaments de l'élaboration du budget des MDC revient à saisir la quintessence et la technologie de préparation des programmes budgétaires (**Section I**) à cerner la phase de son adoption (**Section II**).

---

[72] JOUONANG I., *Le budget de l'État du Cameroun*, Presses universitaires d'Afrique, 2021, pp.56-57.

[73] Loi n° 2007/006 du 26 décembre 2007 portant régime financier de l'État.

[74] MORDACQ F., *La LOLF : Un nouveau cadre budgétaire pour réformer l'État*, Paris, LGDJ, 2006, 409 p.

[75]*Ibid.*, p. 61. Voir aussi le module de la GAR à l'ENAP du Québec dans les séminaires portant sur la GAR (Gestion axée sur les résultats) et la BAR (Budgétisation axée sur les résultats), 2009-2010-2011.

Section I. La préparation du budget des MDC

La préparation renvoie à un montage prévisionnel des programmes à exécuter au cours d'un exercice budgétaire[76]. Cette étape s'avère fondamentale dans la vie financière des MDC. Partie intégrante du budget général de l'État, l'élaboration du budget des MDC obéit à la même procédure d'élaboration que celle des services internes de l'État. Logé au sein du MINREX, le budget des MDC s'inscrit dans le chapitre consacré à ce département ministériel. Seulement la mécanique d'élaboration implique une déconcentration de l'activité préparatoire par l'intervention d'une variété d'acteurs des Services internes et extérieurs de l'État (**Paragraphe I**) qui interviennent selon une procédure somme toute classique (**Paragraphe II**).

Paragraphe I. La diversité des acteurs de la préparation

La multiplicité des tâches effectuées par les MDC dans leur fonction de recommandation conditionne la coloration de leur budget. Autrement dit, les ressources et les dépenses des MDC sont fonction de la nature des prestations effectuées et décidées par l'État. La préparation de leur budget s'inscrit dans un long processus nécessitant la participation impérative de plusieurs acteurs émanant de diverses structures. Aussi, en fonction des étapes et des contributions spécifiques qui sont attendues, la phase préparatoire du budget révèle une singularité des MDC due à la pluralité des foyers d'action constitués autour de la kyrielle d'autorités centrales (**B**) qui se joignent aux responsables des MDC dans leur intervention (**A**).

---

[76] MORDACQ F., *op. cit.*, p. 41.

A. La fondamentalité de l'apport des Services extérieurs : la remontée de l'information budgétaire

La préparation du budget pour l'année « n » commence en principe dès l'ouverture des crédits au mois de janvier « n-1 »[77], par des échanges entre la Direction générale du Budget et les services financiers des ministères dépensiers, afin de déterminer les grandes orientations de la dépense. Cette phase dans la préparation du budget réside principalement dans la collecte de l'information budgétaire au sein des différents services. Pour ce qui est des MDC, la production de l'information budgétaire s'effectue aussi bien par le chef de Mission (1) que par le personnel (2) qui l'accompagne dans la gestion de la représentation.

1. La primeur de l'intervention des services financiers des MDC

La notion de personnel diplomatique et consulaire révèle l'éclatement du corps diplomatique, celui de la profession elle-même. Définie comme le vaste groupe constitué par les agents diplomatiques d'un pays et du ministère des Relations étrangères, qui préside leurs activités, elle possède un contenu riche et une réalité plurielle. L'expression « *personnel diplomatique* » se structure autour de plusieurs catégories socioprofessionnelles parfois opposées, mais dont le point commun reste la participation de toutes aux opérations concourant au pilotage et à la mise en œuvre de la politique étrangère et de la diplomatie de l'État. Dans les MDC, le personnel est principalement constitué des diplomates et des attachés des affaires étrangères dont l'action participe indirectement à la préparation du budget.

---

[77] Voir le décret n° 2019/281 du 31 mai 2019 précité, notamment en ces articles 6 et suivants.

En dépit de l'importance du rôle qui lui est attribué dans la collecte de l'information budgétaire, force est de relever que le Chef de Mission n'agit pas en toute solitude en l'espèce. Pour ce faire, il est accompagné par d'autres personnels, en l'occurrence les agents des services extérieurs du ministère des Finances, notamment des contrôles financiers et des paieries.

S'agissant des contrôles financiers, ils peuvent être créés par arrêté présidentiel[78]. Ils ont à leur tête des Contrôleurs Financiers et leurs adjoints nommés[79] par un arrêté du Premier ministre ; ils sont placés sous l'autorité du ministre des Finances. Auprès des Missions diplomatiques et consulaires, ils ont respectivement rang de deuxième Conseiller d'Ambassade et de premier secrétaire d'Ambassade. Les contrôles financiers jouent un rôle important dans l'élaboration du budget des Missions dans la mesure où ils relèvent directement de la Direction générale du Budget. De manière générale, les contrôles financiers ont, pour fonction, d'assurer le contrôle des actes administratifs générateurs des recettes et des dépenses des chefs des missions diplomatiques et consulaires[80]. En matière budgétaire, tous les documents budgétaires des Missions sont communiqués au contrôle financier dans les délais tels que celui-ci puisse exprimer ses observations au ministre des Finances avant toute discussion sur le fond[81].

Concernant les paieries, elles existent par un acte du Président de la République pris sous la forme décrétale. Elles ont à leur tête des Payeurs. Elles sont chargées : de la tenue de la comptabilité, du contrôle et du règlement des

[78] Article 1 du décret n° 77/41 du 3 février 1977 fixant les attributions et l'organisation des contrôles financiers.
[79] Les postes d'adjoints ont été supprimés par les textes organiques du MINFI.
[80] Article 3.
[81] Article 7.

dépenses des MDC, des opérations de recouvrement et d'encaissement des recettes et de la production des états de synthèse. Leur rôle dans la production des données budgétaires est également important, étant entendu qu'elles relèvent techniquement de la Direction générale du Trésor, de la Coopération Financière et Monétaire. L'acheminement des données financières et comptables par le contrôle financier ainsi que par la paierie aux Services centraux permet d'assurer une bonne remontée de l'information budgétaire nécessaire à la confection de la loi de règlement et vise un renseignement trimestriel, semestriel et annuel des Services centraux et du Parlement.

2. La primordialité de l'intervention des chefs des MDC

En matière d'exécution du budget, l'intervention ou le rôle des chefs de Missions diplomatiques et consulaires est largement mis en exergue dans la mesure où ils sont chargés d'ordonner les recettes et les dépenses de la Mission. Par contre, en matière d'élaboration de la loi de finances, et par ricochet, du budget, leur importance n'est pas assez visible. Pourtant, en tant que premiers responsables de la Mission Diplomatique, ce sont eux qui ont en charge d'exprimer les besoins des différentes représentations qu'ils dirigent.

Dès lors, il convient de préciser que si les chefs de mission ne jouent pas un rôle central dans la procédure d'élaboration du budget global de l'État, leur importance demeure certaine et indéniable dans la préparation du budget sectoriel du MINREX. Ils interviennent notamment dans la collecte de l'information budgétaire au profit du MINREX. En effet, ce sont ces chefs de Mission qui font remonter l'information budgétaire sur l'état des besoins et la consommation des crédits alloués à la représentation diplomatique et ils ont aussi mandat de communiquer aux services centraux les informations sur les recettes collectées ou potentielles. Il est évident que sans leur contribution à l'élaboration de la loi des finances et de la loi de règlement, ces deux lois s'avèrent incomplètes et partielles.

Dans le cadre du budget programme, cette collecte des besoins des services extérieurs de l'État est réalisée sur la base de leurs contributions à l'atteinte des objectifs des programmes et actions. Il s'agit plus explicitement d'apprécier la pertinence des activités proposées et d'y allouer des ressources budgétaires conséquentes au regard des priorités établies. En principe, pour faciliter la préparation du budget programme au sein du ministère des Relations extérieures, les Missions, suivant le processus d'élaboration par étape, doivent produire un rapport sur la performance de leurs services. Il revient au chef de Mission en collaboration avec les services financiers de la Mission[82] de déposer ce rapport à temps dans les services centraux du MINREX. À charge pour le MINREX de l'exploiter en vue de la confection du rapport de performance global du département ministériel.

B. La substantialité de l'intervention des Services internes de l'État

Le processus d'élaboration du budget de l'État commence en amont par la production de l'information budgétaire fournie à l'échelon le plus immédiat du service concerné. Cette phase primitive appelle nécessairement l'action du département ministériel dépositaire d'un programme (1). Les travaux réalisés par les ministères sectoriels doivent être validés au niveau gouvernemental, notamment pour les montants des enveloppes indicatives à mettre à la disposition de chaque ministère pour la préparation de leur projet de budget et plus tard pour l'adoption du projet de loi de finances. Ainsi, tous les départements ministériels participent à l'élaboration du projet de loi de finances. Dans la phase préparatoire du

[82] En respect des dates arrêtées dans le calendrier budgétaire.

budget, elle est généralement suivie d'une étape consacrée à la collecte de l'information budgétaire ainsi produite en vue de sa centralisation (2).

1. La centralité du rôle du MINREX

Dépositaire attitré de l'action diplomatique au double plan administratif et technique, le ministère en charge des relations extérieures prépare avec l'aide de ses services, l'état des besoins financiers ou les demandes des crédits nécessaires au bon fonctionnement de son secteur d'activités. Il communique aussi les informations sur les dépenses et recettes réelles ou potentielles des MDC. À côté de cet acteur principal de la préparation budgétaire, figurent également les ministères sectoriels intervenant indirectement dans l'activité diplomatique de l'État.

Logées au sein du chapitre dédié au ministère des Relations extérieures, les MDC dépendent, pour l'élaboration de leur budget, du processus effectué en la matière par le ministère en charge des relations extérieures qui joue en ce sens un rôle qualifié d'héliocentrique. Pour ses services centraux ou extérieurs, le ministère chargé des Relations extérieures est affecté à la ventilation de l'information produite par les MDC à destination du MINFI. En effet, il veille à la préparation des demandes de crédits et les transmet à la Direction générale du Budget du MINFI pour le budget de fonctionnement et à la Direction générale de l'Économie et de la programmation des Budgets d'investissements publics, notamment à la Direction de la programmation des investissements publics du ministère de l'Économie.

Concrètement, en tant que chef de file du sous-secteur Relations internationales et Diplomatie[83], le MINREX contribue à l'amélioration de l'indice de perception du pays

---

[83]SND 30.

au sein de l'opinion publique internationale. À cet égard, il abrite dans son portefeuille, les programmes relatifs au renforcement du potentiel des relations bilatérales, à la négociation et à la coordination de la coopération multilatérale, la gestion de la diaspora, les migrants et les crises nouvelles, la gouvernance et l'appui institutionnel dans le sous-secteur des relations extérieures.

Ainsi sera-t-il chargé, entre autres, de l'élargissement et la reconfiguration de la carte diplomatique et consulaire (élargissement de la carte diplomatique…) et à la maintenance et au renforcement des capacités des services extérieurs (ressources humaines, matérielles…). À ce titre, il est responsable au premier chef de la préparation du budget des entités en charge de la représentation de l'État à l'extérieur.

En outre, la préparation du budget des MDC incombe de façon subsidiaire aux départements ministériels dont l'action impacte médiatement l'activité diplomatique. Dans ce champ, le ministère en charge de la défense occupe une place considérable compte tenu de la pluralité des tâches effectuées par le personnel militaire affecté au sein des MDC et nécessitant l'octroi des crédits afférents à la diplomatie militaire. Dans cette veine, les ministères en charge de l'enseignement supérieur ou de l'administration territoriale mettent ponctuellement à la disposition des MDC, des crédits pour la réalisation de certaines missions à l'instar de l'accueil des pèlerins pour le hajj ou encore l'octroi des bourses aux étudiants. En ce qu'ils constituent l'ensemble des dépenses et des recettes des MDC, ces budgets originellement logés au sein des départements sus évoqués, s'exécutent à l'échelon des MDC. Aussi, peut-on considérer que leur préparation rentre de façon indirecte ou subsidiaire dans le budget desdites entités.

Au sein de tout département, la préparation du budget relève de la compétence exclusive de chaque ministère au plan technique. Cette activité est généralement animée dans le cadre d'un comité chargé de la préparation du budget dont le Secrétaire général assure la présidence et le Directeur des Affaires générales, le secrétariat technique. Toutefois, au regard de la finalité du budget programme (intégration des politiques stratégiques et programmes dans le budget), des principes fondamentaux[84] doivent être observés dans la mise en place du cadre organisationnel.

2. La nécessité de l'intervention des Services de coordination

Avant sa présentation à la représentation populaire, l'élaboration de la loi de finances incombe exclusivement à l'exécutif et plus particulièrement au Gouvernement. C'est dans ce sens que la loi portant régime financier de l'État et autres entités publiques dispose que *« Sous l'autorité du Président de la République, le Premier ministre coordonne la préparation du projet de loi de finances, assurée par le ministre des Finances, en concertation avec les organes constitutionnels, les ministres ou les responsables des services concernés »*[85]. À juste titre, le département chargé

---

[84] Ces principes portent notamment sur :

- la séparation claire entre les fonctions de validation et d'évaluation des programmes et celles en charge de leur mise en œuvre ;
- la légitimation ou la formalisation de la fonction de responsable de programme avec une délimitation claire de son périmètre de compétence ;
- la recherche d'une synergie d'action entre les acteurs à travers l'optimisation de la chaine de responsabilité notamment entre les fonctions budgétaires et opérationnelles ;
- le dialogue technique permanent entre ces services du ministère sectoriel et ceux du MINFI et du MINEPAT.

[85] Article 33 de la loi portant régime financier de l'État de 2007, remplacé par l'article 55 dans la loi n° 2018/012 du 11 juillet, *op. cit.*

des finances possède l'exhaustivité et la réalité des informations et moyens leur permettant de déterminer les besoins des services publics et le rendement probable des recettes publiques[86].

Dans le cadre de l'accomplissement de cette mission, ces ministères bénéficient du concours des Services de coordination et des ministères sectoriels comme structures opérationnelles. En l'espèce, le ministère dépositaire de la compétence sectorielle en la matière demeure le ministère de relations extérieures.

Insensiblement à la spécificité des missions accomplies ou à la localisation géographique des Services de l'État, la préparation du budget appelle inexorablement la compétence du MINFI. Pour cette tâche titanesque, le ministre des Finances est secondé par son homologue chargé de la planification, sous l'autorité du Président de la République et la coordination du Premier ministre, chef du Gouvernement. Ce rôle privilégié du ministère des Finances consiste à assurer la centralisation de l'information budgétaire issue des ministères sectoriels et de l'encadrement technique des acteurs relevant des autres structures la centralisation des données budgétaires assurée par la Direction générale du Budget.

Ainsi, le ministère des Finances reste la pièce maîtresse de la phase préparatoire du budget des services de l'État. Pour cette raison, le ministre en charge des finances peut valablement être considéré, comme un « *super ministre* »[87] selon l'expression de Benjamin BIDIAS. De fait, en cette circonstance, il est le destinataire privilégié de toutes les prévisions faites par les différents services internes et

---

[86] BIDIAS B., *Les finances publiques du Cameroun*, *op.cit.*, p. 203.
[87] BIDIAS B., *Les finances publiques du Cameroun*, *op.cit.*, p. 203.

extérieurs de l'État. C'est également à lui que revient la charge de la confection du projet de budget définitif.

Par un syllogisme construit sur la consubstantialité du budget des MDC à celui de l'État, il apparaît concrètement que, le budget des MDC dans le chapitre des relations extérieures obéit dans sa phase préparatoire aux dispositions du régime financier. Il s'ensuit que la centralisation de l'information budgétaire des représentations extérieures de l'État incombe au ministère en charge des finances au premier chef ainsi qu'au ministère chargé de la planification qui reçoit et exploite les informations relatives au BIP.

Cette tâche complexe requiert et exige du gouvernement et du ministre des Finances en particulier une connaissance aussi exacte que possible, de la situation économique et sociale du pays, du continent, du monde et de certaines opérations d'envergure régionale ou sous régionale et mondiale pouvant impacter la consommation des ressources ou la production des recettes. Ce rôle précis est animé au plan technique par la division de la préparation du budget au MINFI dont les responsables sectoriels quadrillent en cours d'année toutes les structures concernées par le budget de l'État. Ils y recueillent au quotidien la bonne information budgétaire permettant de connaitre la situation économique, financière et sociale exacte de chaque administration selon une procédure particulière.

Paragraphe II. La particularité de la procédure de préparation

La préparation du budget des MDC ne diffère pas de celle de l'État. À cet effet, elle obéit au régime financier de l'État au-delà des spécificités liées à sa dimension internationale et donc stratégique. Elle se fait au moyen des interventions des divers acteurs tel qu'il est précisé par les dispositions du régime financier précité, il s'agit d'opérations parfois compartimentées, parfois communes, toutes coordonnées par le Premier ministre au Cameroun. Ainsi, s'il est vrai que le rôle des autorités budgétaires centrales y demeure primordial (**A**), il appert aussi que l'intervention des MDC y reste incontournable (**B**).

A. L'impulsion par les autorités budgétaires centrales

L'impulsion dans ce cadre intègre le déclenchement et la gestion de la suite procédurale par les acteurs budgétaires stratégiques. Sont ainsi concernés le Président de la République, le Premier ministre et le ministre des Finances institués par la loi comme ordonnateurs principaux[88].

Pour ce qui est du Président de la République, il est considéré comme l'artisan en chef du processus budgétaire qualifiable à tort ou à raison, de *Jupiter financier*. En règle générale, le budget des MDC fait partie intégrante du budget de l'État. À cet effet, les règles relatives au budget de l'État s'appliquent *ipso facto* au budget des MDC. Ainsi, au regard de ce qui précède, la préparation du budget de l'État s'accomplit sous l'autorité du Président de la République[89], du Roi ou du Premier ministre selon les pays. De fait, le point de départ de la préparation de la loi de finances et donc du budget renvoie à l'édiction de la *« circulaire présidentielle »* relative à la préparation du budget. La circulaire présidentielle constitue donc l'acte déclencheur qui lance officiellement la procédure d'élaboration du budget de l'État et plus spécifiquement la phase de préparation dudit budget.

---

[88] Loi n° 2007/006 du 26 décembre 2007 portant régime financier de l'État et loi n° 2018/012 du 11 juillet 2018 portant régime financier de l'État et des autres entités publiques.
[89] *Idem*.

Du point de vue de son contenu, la circulaire présidentielle fixe les grandes orientations de la politique budgétaire ainsi que les dispositions pratiques qui doivent gouverner l'élaboration du budget de l'État. Après avoir présenté le contexte macroéconomique, la circulaire présidentielle se préoccupe de définir les objectifs de l'action publique en fonction des secteurs. Par la suite, le texte présidentiel décline les grandes orientations de la politique budgétaire. Par ailleurs, cette circulaire prébudgétaire détermine les modalités pratiques pour l'élaboration du budget de l'État ainsi que le calendrier budgétaire. On l'a déjà mentionné, la circulaire présidentielle impulse la préparation du budget de l'État en général et des missions diplomatiques en particulier.

Par ailleurs, relèvent de la gestion de la préparation du budget des MDC, les tâches de coordination, d'arbitrage et d'opérationnalisation de la préparation. Ces tâches incombent pour les premières, au Premier ministre, Chef du Gouvernement, et pour la seconde, au ministre des Finances. L'objectif escompte la maîtrise de la dépense publique ; de développer la culture de la performance et d'améliorer les recettes permettant à l'État de faire face à ses nombreuses et multiformes charges.

En ce qui concerne le Premier ministre, son rôle découle des dispositions de la loi portant régime financier de l'État, laquelle dispose que : *« le Premier ministre coordonne la préparation de la loi de finances »*. L'article 34 de la même loi ajoute à cette fonction de coordination primoministérielle une fonction d'arbitrage en indiquant que *« le Premier ministre notifie les arbitrages aux ministres et aux responsables des services concernés »*. En vertu de ce rôle, c'est au Premier ministre qu'il revient, dans le respect des instructions fixées par le président de la République dans le cadre de la circulaire susmentionnée, d'arrêter les plafonds des crédits alloués à chaque ministère ou service dépensier. Notamment les crédits alloués au ministère des Relations extérieures et partant aux MDC. C'est dire enfin de compte que le Premier ministre joue un rôle décisif dans l'élaboration du projet de loi de finances. Il adresse à cet effet aux ministres les lettres plafonds qui déterminent le niveau de dépenses du projet de loi de finances.

Concernant le ministre des Finances, il reste la cheville ouvrière de la préparation du budget de l'État en général, de celui des MDC en particulier. Cette compétence découle des termes de l'article 55 de la loi portant régime financier de l'État et des autres entités publiques qui indiquent que « ... *la préparation du budget de l'État [est] assurée par le ministre des Finances*... ».

En substance, le ministère en charge des finances a toujours symbolisé l'image de la puissance[90]. Cette perception participe tant de son universalisme, sa prééminence dans la vie politique et administrative de l'État, que de ses prérogatives budgétaires et financières larges et étendues. Outre une position privilégiée dans le processus de décision budgétaire de l'État, sa compétence englobe l'ensemble des finances publiques à laquelle s'ajoutent des prérogatives particulières[91].

B. L'intervention stratégique des principaux acteurs des relations extérieures

La participation du MINREX et davantage des MDC à la préparation du budget est fondamentale. C'est cette structure gouvernementale qui propose des crédits nécessaires au fonctionnement des MDC, sur la base des

[90]BUTLER (J), *La vie psychique du pouvoir. L'assujettissement en théories*, éd., Amsterdam, 2022, pp.120-121.
[91] BOUVIER M., ESCLASSAN M.-C., LASSALE JP., *Finances publiques*, *op. cit.*, p.258.

informations transmises par les missions diplomatiques en amont.

1. La transmission de l'information utile par les chefs des MDC

En amont du processus budgétaire, le MINREX saisit les chefs de MDC au relai de la circulaire présidentielle afin de lui faire parvenir à une échéance donnée, leurs états de besoins budgétaires. Cet échange épistolaire donne généralement à la constitution d'un projet de budget des MDC conçu en interne par les responsables de celles-ci, motif pris de leur connaissance des aspérités et attentes de l'institution qu'ils dirigent. Aussi peut-on dire que de telles mesures internes relèvent des particularismes procéduraux de la préparation budgétaire des MDC.

Dans l'ordre des singularités encore, il vaut de noter qu'à la fin d'un exercice budgétaire écoulé, chaque Chef de Mission Diplomatique est tenu d'adresser aux services centraux du MINREX un rapport financier portant sur la gestion des crédits à lui alloués. Ce rapport transmis au Ministère doit faire état des difficultés rencontrées dans la gestion des fonds alloués. Ces difficultés peuvent concerner soit l'insuffisance des crédits affectés, soit l'état du coût de la vie dans le pays d'accueil ou alors la hausse des prix dans l'État accréditaire. Car, convient-il de le relever, la finance internationale n'est pas un long fleuve tranquille. Les taux de change sont essentiellement variables et fluctuants parce que liés à la conjoncture. Toute chose à l'origine soit de la diminution soit de l'augmentation du montant de la dépense publique internationale. Cette réalité provoque de nombreux dysfonctionnements dans l'exécution du budget des MDC. Il peut enfin s'agir des difficultés liées à l'exécution du budget avec l'emphase sur les difficultés procédurales (longueur, lourdeur, redondance des étapes).

De même, l'état des lieux du patrimoine de la MDC doit être dressé en vue de sa maîtrise, de son évaluation, de son renouvellement, de son changement ou de la prise en charge de sa maintenance. Par définition, le patrimoine de l'ambassade désigne l'ensemble de biens meubles et immeubles appartenant à la Mission diplomatique. Ainsi, dans cette catégorie, se comptent :

- les locaux diplomatiques formés des bâtiments qui abritent la chancellerie de la mission diplomatique ;
- la résidence du Chef de Mission Diplomatique (CMD) ;
- le matériel roulant ;
- les résidences des agents ayant fait l'objet d'un bail emphytéotique ;
- les appareils électroniques et mécaniques de la MDC ;
- les immeubles acquis pour le fonctionnement de la Mission.

Ce patrimoine doit rester en bon état d'usage. Le chef de Mission ainsi que les agents diplomatiques qui l'utilisent doivent en bons pères de famille veiller à la conservation, à l'entretien et à la garde de ce patrimoine. C'est alors qu'ils doivent appeler l'attention du Ministère, de la Présidence ou du Royaume sur la vétusté des bâtiments, en vue de leur réhabilitation, ou sur l'amortissement du matériel roulant et des appareils électroménagers, dans l'optique de leur renouvellement partiel ou total.

Le patrimoine de la mission doit être consigné de manière détaillée dans un fichier accompagné d'un procès-verbal adressé périodiquement au Ministère. Mention doit être faite de son état. Car la maîtrise et davantage la gestion du patrimoine de l'État, quel qu'il soit, ont un impact sur les finances publiques[92].

Il convient de préciser que l'état du patrimoine de l'ambassade reflète l'image de marque du pays dans l'État accréditaire. C'est pour cette raison qu'il est nécessaire que des crédits conséquents leur soient affectés à cette fin. Les personnels des Missions diplomatiques doivent donc proposer des crédits nécessaires à la bonne tenue du patrimoine de la Mission. En toute logique, cette information doit être centralisée, puis transmise par le Chef de Mission au ministère chargé des relations extérieures.

En pratique, force est de constater un grippage des mécanismes de collaboration au sein des MDC entre la base et le sommet au cours de cet exercice dû à la répétition quasi automatique des procédures y relatives nonobstant leur inadaptation dans certains cas. Dans une approche inclusive, la participation et l'insertion des collaborateurs en la matière pourraient améliorer la qualité de l'information budgétaire à transmettre au MINREX.

2. La proposition des crédits par le MINREX

Chaque ministère prépare, avec l'aide des services financiers de son département, les demandes de crédits nécessaires, qu'il transmet à la Direction générale du Budget du ministère des Finances[93]. En l'espèce, les services financiers du MINREX élaborent son projet sur la base de l'information budgétaire transmise par les MDC. Ainsi vont-ils la traiter, afin de l'intégrer au budget global et unique du département ministériel.

---

[92] Assemblée nationale française, Rapport n° 2926 déposé en application de l'article 146 du règlement par la commission des finances sur le suivi et la mission d'évaluation et de contrôle sur la gestion et la cession du patrimoine immobilier de l'État, 7 mars 2006.
[93] BIDIAS B., *Finances publiques du Cameroun*, *op. cit.*, p. 205.

- Parmi les services financiers dont il s'agit, on compte la Sous-direction du Budget, du matériel et de la maintenance. Contrairement aux autres départements ministériels dotés de comités PPBS et de CDMT de maturation des projets logés au sein des directions chargées des études et des projets au Cameroun, le MINREX[94] dispose pour cette activité, d'une sous-direction chargée, entre autres, de *« la préparation, du suivi et de l'exécution du budget du département »*[95]. Cette structure comprend un *« Service du Budget »* [62] qui est chargé de :
- l'élaboration et de l'exécution du budget du département ;
- la préparation, du suivi et de l'exécution du budget d'investissement ;
- la synthèse et de la consolidation du budget de fonctionnement.
- Le service du budget auquel s'intéresse particulièrement notre réflexion est composé de trois Bureaux à savoir :
- le Bureau de la préparation du Budget ;
- le Bureau de l'exécution du Budget de fonctionnement et des contributions aux Organisations internationales[96] ;
- le Bureau de l'exécution du Budget d'investissement.

C'est ce dispositif chapeauté par le Directeur des Affaires générales qui accompagne le chef de département ministériel de rattachement des MDC dans le traitement de

[94] Décret n° 2013/112 du 22 avril 2013.

[95] Article 166 du décret précité.

[96] Il faut souligner que la contribution financière d'un État au fonctionnement des Organisations internationales est fondamentale à l'implication de ladite Organisation en son sein, et davantage à son positionnement stratégique sur la scène internationale.

l'information budgétaire transmise par les MDC. Celle-ci permet au chef de département d'évaluer les crédits nécessaires au fonctionnement de ces structures. Les budgets des MDC sont donc intégrés à celui du département et ultérieurement au budget général de l'État par l'entremise du ministère des Finances à travers la Direction générale du Budget.

À l'issue du processus de préparation, le ministre des Relations extérieures répond au premier chef, de la défense des budgets des MDC devant le Parlement, en prélude à son adoption.

Section II : L'adoption du budget des mdc

Une fois la phase préparatoire du budget terminée s'amorce celle de son adoption. Elle consiste en une approbation des différentes recettes et dépenses proposées dans le cadre de la préparation du budget. Cette dernière relève de la compétence traditionnelle du Parlement, tel que déterminé dans l'article 26 de la Constitution. Il y est mentionné que : « *sont du domaine de la loi :... les questions financières... [notamment] le budget* »[97]. En la matière et suivant les étapes qui constituent l'adoption du budget[98], le Parlement procède, à la discussion du projet de budget (**Paragraphe I**), et à la soumission du projet de budget à la navette avant adoption pour promulgation (**Paragraphe II**).

---

[97] Article 26 (1) (d) (2) de la loi constitutionnelle du 18 janvier 1996.

[98] Selon cette acception, l'adoption regroupe la discussion et le vote du budget.

Paragraphe I. La discussion du projet à l'Assemblée nationale

Sans découdre avec la procédure usuelle, l'adoption du budget de l'État en général et celui des MDC en particulier, se fait dans le cadre consacré à l'adoption de la loi de finances. Cet état de choses tient au fait que le budget est une partie de la loi de finances[99]. Dès lors, la procédure d'adoption du budget des MDC s'identifie et s'arrime *ne varietur* au processus d'adoption du budget général de l'État et de la loi de finances suivant le calendrier prévu [100]à cet effet et selon la procédure classique comportant les phases d'examen en commission (**A**) et de discussion en plénière (**B**).

A. L'examen en commission

L'examen du budget des MDC en commission débute par le dépôt du projet de budget au Bureau du Parlement. On relèvera opportunément avec M. Noël NDZINA que le constituant, et le législateur ne précisent pas le bureau de la

---

[99] NGAYAP P. F., *Le droit parlementaire au Cameroun*, Paris, L'Harmattan, coll. « Études africaines », 2017, p. 148.

[100]Ce calendrier est défini par la loi portant régime financier de l'État au Cameroun. D'après ce texte, le projet de loi de finances de l'année, y compris les annexes obligatoires, doit être déposé sur le bureau du Parlement au plus tard, quinze (15) jours avant le début de la session. Le Parlement dispose d'un délai de vingt (20) jours, à compter de l'ouverture de la session budgétaire pour se prononcer définitivement sur la loi de finances. Toutefois, au moment du dépôt du texte, le Gouvernement peut déclarer l'urgence, et reporter ce délai à dix (10) jours. L'urgence doit être motivée par des événements à caractère exceptionnel qui ont empêché le fonctionnement normal des institutions. Si la session est suspendue, les délais au terme desquels le Parlement doit se prononcer sont interrompus. Ils recommencent à courir huit (8) jours après la reprise de la session. Si les délais prévus par l'article 39 sont expirés, et si la première partie de la loi de finances a été définitivement adoptée, cette partie est promulguée.

chambre parlementaire adressataire du projet[101]. Nonobstant ce flou du droit[102], le projet de budget des MDC est déposé au bureau qui transmet le texte à la conférence des présidents pour examen de recevabilité. Lorsqu'aucun motif d'irrecevabilité[103] n'est constaté, le texte est envoyé en commission pour examen au fond ; on parle de commission saisie au fond.

Dans le cas d'espèce, il s'agit de la Commission des Finances et du Budget. Celle-ci procède à l'audition du ministre des Relations extérieures, autorité chargée de défendre l'enveloppe budgétaire de toutes les représentations diplomatiques au Parlement. Ce budget du ministre des Relations extérieures au Cameroun relève du chapitre 6.

Le ministre des Relations extérieures procède d'abord à la présentation de son rapport de performance pour l'exercice budgétaire en phase d'achèvement. Par la suite, il déroule son programme de performance pour l'exercice en préparation[104] ; la discussion se poursuit alors par les questions des membres de la commission et les réponses du ministre, notamment sur la situation financière des Missions diplomatiques.

Cette *« audition dure entre une et deux heures »*, précise Pierre Flambeau NGAYAP[82]. En substance, l'examen en commission vérifie la conformité à la politique de la Nation telle que définie par le Chef de l'État, à la circulaire présidentielle et aux objectifs économiques, sociaux et

---

[101] NDZINA JN., *Le bicamérisme en droit constitutionnel camerounais*, Thèse de Doctorat/PhD en droit public, Université de Yaoundé II, 2018, p. 249.

[102] DELMAS-MARTY M., *Le flou du droit, Paris*, PUF, 1986, 336 p.

[103] L'irrecevabilité peut être financière ou constitutionnelle.

[104] NGAYAP P. -F., *Le droit parlementaire au Cameroun*, *op. cit.*, p. 155 et ss.

financiers de l'État[105]. En cette circonstance, il aurait été intéressant que le chef de MDC fût convié aux travaux afin d'éclairer les subtilités propres à ces entités. Les travaux de la commission s'achèvent par un rapport qui servira à ouvrir la séance plénière.

B. La discussion en séance plénière

Cette importante séquence en séance plénière commence par la lecture du rapport de la commission, saisie au fond, qui ici renvoie à la Commission des finances et du Budget. La discussion en séance comporte trois phases, à savoir : le débat sur les ressources et charges budgétaires, la discussion de la première partie de la loi de finances et la discussion sur la seconde partie de la loi de finances. Il faut noter que les trois phases intéressent les MDC, car celles-ci portent aussi bien sur les recettes que sur les dépenses par elles effectuées pour couvrir leurs besoins ou ceux de l'État *lato sensu*.

Lors de la première phase, le débat porte sur les recettes et sur les charges budgétaires. Il est surtout question à cette occasion de discuter des recettes générées par les MDC et les charges budgétaires qu'elles imposent à l'État.

Au cours de la deuxième phase, la discussion est orientée vers la première partie de la loi de finances. Il est essentiel de noter ici que la première partie de la loi de finances est celle qui *autorise pour l'année, la perception des ressources de l'État et des impositions de toute nature affectées à des personnes morales autres que l'État, évalue chacune des ressources budgétaires, fixe les plafonds des dépenses du budget général, de chacun des budgets annexes et des comptes spéciaux, arrête les données générales du budget, donne les autorisations relatives aux*

[105] Ministère des Finances, Rapport sur la situation et les perspectives économiques, sociales et financières de la Nation, exercice 2019.

emprunts et à la trésorerie de l'État et fixe les dispositions relatives à l'assiette, au taux et aux modalités de recouvrement des impositions.

Cette discussion se termine par le vote de l'assemblée sur cette première partie. Le vote se faisant article *« par article »*[106]. Une fois votée, la discussion sur la seconde partie peut être entamée.

La troisième phase enfin, consécutive aux débats ayant eu cours dans la discussion de la seconde partie de la loi de finances, se déroule en deux temps :

- premièrement, la discussion de l'ensemble des programmes ;
- deuxièmement, la discussion portant sur les moyens par section[107] et par paragraphe[108].

Au cours de cette étape, l'on procède au vote de cette seconde partie, suivi de la votation de l'ensemble du texte législatif financier.

La discussion du budget à la chambre parlementaire saisie en premier lieu s'achève par le vote. Il convient de souligner que ce vote intervient après un processus progressif et graduel. Car un premier vote intervient à l'issue de la discussion sur la première partie du texte ; d'ailleurs, ce vote nécessairement favorable conditionne le déclenchement de la deuxième phase de discussion portant sur la seconde partie. Cette dernière discussion se termine aussi par un vote spécifique précédant le vote général qu'on nomme, en l'espèce, *« votation »*. Ainsi, lorsque les deux parties de la loi de finances ont été adoptées, l'Assemblée

---

[106] Article 43 al. 3 de la loi portant régime financier de l'État. Voir aussi art. 60 al. 2 du Règlement intérieur de l'Assemblée Nationale.

[107] La section est la destination fonctionnelle de la dépense.

[108] Le paragraphe est relatif à la nature économique de la dépense à effectuer.

Nationale procède au vote de l'ensemble du texte et comme dans toute procédure législative ordinaire, le texte voté est transmis au Sénat pour qu'il puisse y faire l'objet d'un examen.

Paragraphe II. La soumission du projet de loi de finances à la navette avant promulgation

Une fois le projet de budget voté par l'Assemblée nationale, celui-ci est transmis au Sénat dans le cadre du travail parlementaire[109]. Elle a pour finalité de rationaliser le travail législatif en améliorant la qualité des lois, tout en renforçant l'élan démocratique. À la vérité, le cheminement ne change pas au sein du Sénat. C'est pourquoi, notre présentation sera moins portée sur cet aspect que sur la compétence budgétaire du Sénat en matière d'adoption (A) que sur la promulgation du texte (B).

A. La compétence budgétaire du Sénat en matière d'adoption

Le texte est examiné et peut connaitre plusieurs issues. Dès lors que le texte est transmis au Président du Sénat, le texte est tout de suite transmis à la conférence des présidents qui statue sur sa recevabilité. En l'absence d'un motif d'irrecevabilité, le texte est envoyé à la Commission des finances et du Budget du Sénat qui l'examine au fond. C'est au sortir de cette première instance que le texte va en séance pour adoption.

Le Sénat peut ainsi apporter des amendements quantitatifs ou qualitatifs au budget des MDC qu'il peut revoir à la hausse ou à la baisse. Dans ce cas, la loi de finances retourne à la chambre basse pour un nouvel examen. Dans l'hypothèse où la navette se prolonge parce

---

[109] Article 30 de la loi constitutionnelle du 18 janvier 1996.

que persiste le désaccord au sujet du projet de loi véhicule du budget des MDC, le président de la République a le droit de provoquer la réunion d'une CMP.

La CMP représente un organe *ad hoc* composé d'une moitié de députés et d'une moitié des sénateurs qui a pour finalité d'aboutir à un budget de compromis recueillant l'adhésion des deux chambres. Lorsque les positions des membres de la Commission restent irréconciliables, le président de la République peut attribuer le droit de donner le dernier mot à l'Assemblée nationale[110].

Dans une autre perspective, le Sénat peut adopter le budget du MINREX en l'état. Par voie de conséquence, le texte y relatif retourne à l'Assemblée nationale pour être transmis au Président de la République aux fins de promulgation. L'exécution du budget est tributaire de l'onction accordée à la loi des finances qui le transporte, par le chef de l'État. L'acte de promulgation ouvre la possibilité d'exécuter les dépenses et les recettes dans les administrations d'État et spécialement dans les représentations diplomatiques de celui-ci[111]. Au regard de ce qui précède, si l'office du sénat en matière budgétaire mérite des appréciations, il reste aussi qu'il porte une justification. En substance, partie intégrante du budget de l'État, le budget des MDC est soumis à tous les débats que la procédure législative en général et la navette en particulier suscitent.

---

[110] Article 30 (2) de la Constitution camerounaise.

[111]Ce faisant, il est convenable que les acteurs de la dépense publique (ordonnateurs ou comptables) au sein des MDC adoptent cette logique qui n'est que celle de la légalité financière ; c'est justement au nom de cette légalité financière que tout report de crédit doit obéir aux orientations de la loi des finances. La loi de règlement pour la constatation de la clôture de l'exercice budgétaire devra ainsi prendre en compte toutes les enveloppes budgétaires, mises en exécution auprès des MDC.

Cela étant, il convient de noter que lors de sa mise en place, le Sénat suscita un débat tendant à l'exclure de la discussion du budget de l'État en général et de celui des MDC en particulier. En effet, certains députés, interprétant de manière trop restrictive, voire erronée certaines dispositions de la Constitution, ont contesté au Sénat le droit d'examiner le budget des MDC. Ils tiraient argument des dispositions de l'article 16, alinéa 2 selon lesquelles *« au cours de l'une des sessions, l'Assemblée nationale vote le budget de l'État [et donc des MDC] »*. Cependant, une lecture plus fine et granulaire des dispositions constitutionnelles permet de justifier le droit du Sénat à examiner le budget de l'État et par ricochet des MDC[112]. Il est cependant aussi indiqué de s'appesantir sur les compétences du Président de la République tant à l'ouverture qu'à la clôture de la préparation du budget.

---

[112]En effet, si l'on ne peut nier une petite maladresse du constituant dans la formulation de l'article 16 (2), il convient de relever que l'implication générique du « Parlement » à la fonction législative, sans discrimination entre les chambres justifie sans aucun doute le droit du Sénat d'examiner le budget de MDC. Sur cette base, il serait erroné d'exclure la haute assemblée de l'examen de la loi de finances. Pour s'en convaincre, il convient de prendre à notre compte le raisonnement combien pertinent de Pierre-Flambeau NGAYAP qui commence par rappeler un certain nombre de dispositions constitutionnelles, notamment l'article 14, alinéa 1 selon lequel *« le pouvoir législatif est exercé par le Parlement qui comprend deux chambres : l'Assemblée nationale et le Sénat »*, l'article 14, alinéa 2 qui dispose que *« le Parlement légifère... »*. L'article 26 (1) selon lequel *« la loi est votée par le Parlement »*. Par ailleurs, aux termes de l'article 30, alinéa premier, de la Constitution, *« les textes adoptés par l'Assemblée nationale sont aussitôt transmis au Président du Sénat par le Président de l'Assemblée nationale »*. Ces dispositions ne dévoilent aucunement une quelconque discrimination ou exclusion du Sénat de la fonction législative. Le Budget de l'État et des MDC étant contenu dans une loi, en l'occurrence la loi de finances, il devient évident que le Sénat a le droit d'examiner la loi de finances et donc le Budget des MDC.

B. La promulgation de la loi de finances par le Président de la République

Autorité exclusive du lancement de la préparation du budget par circulaire, le Président est appelé à clôturer ce processus par la promulgation de la loi. Promulguer, c'est rendre un texte législatif exécutoire[113]. C'est un acte relevant de compétence exclusive du président de la République[114]. Dès son adoption par le Parlement, la loi de finances est transmise au Président de la République pour promulgation[115]. De sa racine émerge une substance conceptuelle qui permet d'en percevoir la portée dans l'élaboration du budget des MDC.

De son étymologie latine, le vocable « *promulgare* » signifie afficher, publier, proclamer officiellement[116]. Cette prérogative qu'exerce le président de la République [117]consiste d'emblée dans la certification officielle d'existence de la loi qui permet de renseigner la communauté des citoyens qu'un tel acte normatif existe et

---

[113] PUIGELIER C., *Dictionnaire juridique,* Bruxelles, Larcier, Coll. Paradigme, 2015, p. 997.

[114] Le détenteur du pouvoir de promulgation peut varier en fonction des systèmes et régimes politiques.

[115] Loi de Finances, loi de Règlement.

[116] JEZE G., « La promulgation des lois », *RDP*, 1918, p.386.

[117]En France, cette prérogative est reconnue au Président de la République. En vertu de l'article 10 de la Constitution, « le Président de la République promulgue les lois dans les 15 jours qui suivent la transmission au gouvernement de la loi définitivement adoptée. Il peut avant l'expiration de ce délai, demander au parlement une nouvelle délibération de la loi ou de certains de ses articles. Cette nouvelle délibération ne peut être refusée. Au Royaume-Uni, la démarche est similaire, car les lois adoptées par la Chambre des communes doivent recevoir l'assentiment royal (*royal assent*). De même en Belgique, cette question est réglée de façon identique au niveau fédéral, il revient au *"Roi de sanctionner et de promulguer les lois"*.

qu'il existe comme loi[118]. Ainsi s'esquisse une autre sphère d'intervention du président de la République dans l'élaboration du budget des MDC.

Au Cameroun, le régime promulgatoire de la loi se fonde sur les dispositions de la loi du 18 janvier 1996 portant révision constitutionnelle[119]. Aux termes du texte fondamental, le président de la République promulgue les lois adoptées par le Parlement dans un délai de 15 jours à compter de leur transmission, s'il ne formule aucune demande de seconde lecture[120], ou s'il ne saisit le Conseil Constitutionnel. Le cas échéant, le Président de l'Assemblée Nationale peut se substituer au Président de la République à l'issue de ce délai et après avoir constaté sa carence.

Au bout du processus, l'exécution de la loi de finances n'est possible qu'avec la publication de l'acte. À cet égard, elle se montre comme une opération courante, l'acte matériel d'exécution de la promulgation consistant à publier le texte promulgué. Cette publication est opérée par l'insertion au journal officiel. Au Cameroun, en raison du bilinguisme, elle s'effectue dans les deux langues, notamment le français et l'anglais.

---

[118] EBANG MVE R., *La constitution et les crises. Contribution à l'étude du constitutionnalisme de crise*, Thèse de Doctorat PhD en droit public, Université de Douala, 2020, p.73.

[119] Article 31, al. 1 de la loi constitutionnelle préc.

[120] V. BOTTINI F., « La promulgation des lois parlementaires », *RFDC*, 2008/4 n° 76, pp.761-784 et PURGET H., SECH J.-C., « La promulgation des actes législatifs en droit français », *RA*, 12e année, n° 69, mai-juin 1959, pp. 239-243.

En Tunisie pareillement, il revient aux Services du Premier ministre de publier les lois promulguées par le chef de l'État en français et en arabe[121].

Conclusion du chapitre

L'élaboration du budget de l'État implique *ex-ante* des choix stratégiques et nécessite non seulement des données récentes et objectives sur la conjoncture nationale, mais aussi sur l'évolution récente et future de la conjoncture internationale[122]. Ces déterminants influencent logiquement l'élaboration du budget des MDC. C'est un budget aujourd'hui saisi par la fièvre de la performance et partant de la nouvelle gouvernance financière publique. Son élaboration doit donc tenir compte des exigences d'efficacité et d'efficience. C'est dans cette perspective méliorative que les acteurs stratégiques en matière d'élaboration du budget des MDC ont invité les gestionnaires des MDC à plus de rigueur dans la budgétisation de leurs dépenses[123] en assurant un meilleur adressage des salaires des personnels recrutés sur place par les représentations diplomatiques, des frais de scolarité des enfants des diplomates ou encore des frais d'entretien des locaux des MDC[124].

En clair, l'élaboration du budget est fondamentale. Il s'agit d'une procédure qui certes ne déroge pas à la procédure budgétaire de l'État, mais dont les particularismes mériteraient d'être mis en évidence. Si la

---

[121] Loi constitutionnelle n° 97-65 du 27 octobre 1997 et par la loi constitutionnelle n° 2002-51 du 1er juin 2002.

[122] Ministère des Finances, Rapport sur la situation et les perspectives économiques, sociales et financières de l'État.

[123] Cameroun Tribune, « Les missions diplomatiques à jour », 26 août 2021, p.6.

[124] Ministère des Finances, *Préparation du projet de loi de finances 2019, Rapport des préconférences budgétaires*, juillet 2018, p. 35.

procédure budgétaire des MDC commence par une impulsion présidentielle de la préparation, son organisation est assurée par le Gouvernement et plus précisément sous la coordination du Premier ministre et sous l'opérationnalisation effective du ministre des Finances en fonction des contextes. Dans ce contexte, les particularismes du budget des MDC reposent entre autres sur le fait que l'information budgétaire est régulièrement transmise par les Chefs MDC aux autorités compétentes de leur ministère de rattachement. À juste titre, la chaine de transmission ainsi établie permet d'évaluer les besoins des MDC afin d'y affecter les moyens nécessaires.

CHAPITRE II

LA CONSISTANCE DU BUDGET DES MISSIONS DIPLOMATIQUES ET CONSULAIRES

Sans équivoque, les MDC constituent des démembrements de l'État. À ce titre, leur fonctionnement est tributaire de l'inscription de leurs besoins dans le budget général de la puissance publique. De façon descriptive, les recettes et les dépenses des MDC sont consignées dans le document prévisionnel à caractère financier et comptable[125] qui détermine les ressources et les charges de l'État pour l'année à venir[126]. Dans la sphère budgétaire étatique, les moyens alloués aux MDC servent les exigences d'implémentation de la politique étrangère de l'État, aussi sont-ils logés dans le chapitre budgétaire des relations extérieures.

Pourtant, une gangue d'opacité recouvre encore la question budgétaire lorsqu'on en vient aux MDC, comme en témoigne la réflexion sur les éléments constitutifs du budget de ces entités. Force est de constater en effet qu'à contre-courant de son rôle d'aiguillon du savoir, la doctrine a rarement approfondi la question des ressources budgétaires des MDC, le cas des recettes essentiellement de nature fiscale n'ayant pas fait jusqu'ici l'objet d'une enquête épistémologique. De l'aveu général également, la pléthore d'opérations financières réalisées par ces entités n'est pas tout à fait théorisée. Aussi, pour altérer cette

---

[125] LEKENE DONFACK E. C., *Finances publiques…*, *op. cit.*, p. 36.
[126]CARON M., *Budget et politiques budgétaires,* Paris, Bréal, 2007, p.13.

sensation d'évanescence dans la maîtrise scientifique et pratique du budget des MDC, une investigation mériterait d'être menée, à l'aune de la spécificité des recettes (**Section I**) et des dépenses (**Section II**) de ces entités.

Section I : les particularités des recettes des mdc

Conformément à la pratique courante en finances publiques, les ressources budgétaires des MDC sont pour l'essentiel de nature fiscale (**Paragraphe I**). À côté de celles-ci, existent également des recettes non fiscales (**Paragraphe II**).

Paragraphe I. L'identification des recettes fiscales des MDC

Il s'agit du produit des prestations des différents prélèvements obligatoires perçus par l'État à travers les MDC, constituant une partie de leurs recettes. Au-delà de la floraison conceptuelle propre à la taxinomie fiscale, l'on s'accorde néanmoins à reconnaître que les prélèvements obligatoires renvoient génériquement aux prestations pécuniaires à savoir aux impôts, taxes, redevances et cotisations sociales opérées par voie d'autorité par les administrations publiques en vue de la couverture des charges publiques[127]. Partant de cette acception, il importera de procéder non seulement à l'identification des ressources fiscales des MDC (**A**), mais aussi à la détermination de leur régime (**B**).

---

[127] JEZE G., *Cours de finances publiques*, Paris, LGDJ, 1936, cité par BOUVIER M., *Introduction au droit fiscal général et à la théorie de l'impôt*, Paris, LGDJ, 6e éd., 2004, p. 19.

A. Le recensement des recettes fiscales des MDC

Directement rattachée à la collectivité publique mère, les MDC tirent pour partie, leurs ressources des impositions réalisées par cette dernière. Il s'agit de la parcelle des impôts[128] que le déploiement de leurs compétences fiscales leur permet de prélever auprès de leurs usagers. Sans recevoir une dévolution de compétences en matière fiscale, ces excroissances étatiques pérennisent la politique fiscale de l'État par l'implémentation des mesures d'administration de l'impôt et la défense des intérêts du système fiscal de leurs États d'attache. Pour l'essentiel, cela revient à la délivrance des timbres ordinaires (1) et des timbres spéciaux (2) nécessaires à l'établissement de certains documents administratifs.

1. Les recettes fiscales générées par les titres de voyage

La consistance du bouquet fiscal des MDC laisse transparaitre, une pluralité de prélèvements obligatoires administrés par ces entités. Il s'agit en l'occurrence des frais de chancellerie et autres impôts « mineurs » provenant de la délivrance d'un certain nombre de pièces essentielles aux ressortissants. Concrètement, la validité et la régularité de certains documents administratifs sont liées au paiement de certains droits au bénéfice de l'État escompté au moyen d'un timbre valable, authentique et au taux en vigueur.

Au rang des recettes générées par les pièces et documents sus évoqués, figurent notamment :

- les droits de timbre apposés sur le passeport[129],
- les droits de visa[130],

---

[128] *Lato sensu.*
[129] Article 451 du CGI 2020.
[130] Article 455 du CGI.

- les laissez-passer et sauf-conduit[131].

Pour le premier, il s'agit d'un document administratif sécurisé de voyage permettant aux ressortissants d'un État de justifier de leur identité et de leur nationalité pour se déplacer à travers le monde pour une durée limitée. En vertu des droits souverains d'administration de son territoire, chaque État fixe les prix des timbres fiscaux[132] pour la délivrance ou la prorogation des passeports individuels ou collectifs. Établi en territoire camerounais par les services internes de la DGSN, il relève du domaine de compétence des MDC à l'étranger.

De même, le visa apposé sur les passeports des ressortissants étrangers de l'État hôte par l'intermédiaire des MDC donne lieu à la perception des droits de timbre[133]. Il s'ensuit que les droits de visa sont perçus au moyen de l'apposition des timbres. Toutefois, en raison des exigences de la libre circulation des personnes dans l'espace communautaire[134], les ressortissants des États membres de la CEMAC sont exonérés du droit de timbre généré par l'apposition du visa[135].

Outre le passeport et le visa, les séjours de courte durée et les voyages aller-retour dans l'espace de l'État donnent

---

[131] Article 459 du CGI.

[132] Article 442 du CGI.

[133] Sont ainsi concernés : les visas de transit sans arrêt ou avec arrêt de moins de 10 jours ; le visa de court séjour compris entre 10 jours et 3 mois ; le visa tourisme (moins de 30 jours) ; le visa d'un an valable pour un ou plusieurs voyages ; le visa permanent de long séjour de plus de trois mois ; le visa de passeport collectif ; le visa de retour ; les visas de retour valable un an et un seul voyage valable un an et plusieurs voyages ou encore ceux valables 18 mois et un seul voyage.

[134] Article 2 du Règlement n° 01/08-UEAC-042-CM-17 du 20 juin 2008 modifiant le Règlement n° 1/00-CEMAC-042-04 portant institution et conditions de gestion et de délivrance du Passeport CEMAC.

[135] Article 456 du CGI 2020.

également lieu à la perception d'un droit de timbre apposé en vue de la délivrance d'un laissez-passer tenant lieu de passeport et sauf-conduit.

Pour la collecte, le responsable chargé des affaires financières de la représentation comptabilise le bénéfice de ces services. Il s'agit notamment du payeur de la mission qui est chargé de les encaisser et de les reverser dans le compte de la mission. À titre de droit comparé, on relèvera sous d'autres cieux et en Belgique notamment que les recettes provenant des droits consulaires sont généralement enregistrées tous les mois et virées dans le compte bancaire destiné au fonds de roulement des MDC au plus tard le 15 du mois qui suit[136]. Elles sont enregistrées dans les *accounting* en tant que fonds de tiers dû au Trésor. Ainsi, elles sont portées en déduction du montant par lequel le Trésor remet à niveau le fonds de roulement. Cette diligence de la mobilisation des recettes par les postes diplomatiques peut inspirer d'autres pays[137].

2. Les recettes fiscales générées par les titres de séjour

La fiscalité saisit l'essentiel des étapes de la vie de l'humain. Ainsi, les mouvements ou flux de personnes entre un État accréditaire et le reste du monde donnent lieu à des prélèvements fixés d'autorité par ce dernier sur toute partie du monde où il exerce son autorité. De la même manière, la sédentarisation des résidents d'un État dans un pays étranger ou ceux d'un État étranger au sein de pays hôte donne lieu à l'établissement de documents administratifs dont la validité et la régularité sont conditionnées par la perception des droits de timbre. Sous ce registre, on évoquera sans prétention à l'exhaustivité, la carte de séjour, les actes de mariage, de naissance et de décès.

---

136 Source : entretiens.
137 Source : entretiens.

Au-delà des limites géographiques du territoire domestique de l'État, les MDC sont chargées de perpétuer l'autorité et les missions de ce dernier en déportant le service public par-delà les frontières de l'État. Dans ce sens, les MDC délivrent des cartes de séjour aux résidents de l'État durablement installés à l'étranger en guise de reconnaissance à ceux-ci, du droit de rester temporairement dans un pays. C'est un document officiel délivré selon des conditions précises par l'État à des résidents. La carte de séjour, document d'identification, consacre le droit à la résidence (généralement temporaire, parfois renouvelable) d'un ressortissant étranger. Elle peut également servir ou tenir lieu d'autorisation de travail dans certains pays. Au terme du Code général des impôts, la délivrance de ce titre de séjour est subordonnée à la perception d'un droit de timbre[138].

En plus des titres de séjour, les MDC interviennent également dans la délivrance des actes nécessaires aux besoins de la société civile. Ainsi peuvent-elles dresser les actes de naissance et les actes de décès des nationaux de l'État accréditaire résidant ou séjournant à l'étranger. L'établissement desdits actes donne lieu à l'apposition d'un timbre pour lequel des droits sont perçus par l'État via les représentations diplomatiques et consulaires. Ce qui renseigne à suffisance sur le régime de leurs ressources fiscales.

B. La spécificité du régime des ressources fiscales des MDC

Les ressources fiscales des représentations diplomatiques et consulaires recèlent de spécificités qui les soustraient plus ou moins au régime fiscal de droit commun. En d'autres termes, il s'agit d'un régime fiscal de droit commun tempéré par les particularités imposées par la

[138] Article 549 al.2 du CGI.

pratique financière des MDC. Aussi vrai qu'elles demeurent assujetties aux règles traditionnelles qui gouvernent les procédures d'assiette, de liquidation et de recouvrement[139], certains prélèvements sont soustraits de leur office en raison des difficultés particulières dont elles recèlent.

Trivialement, asseoir l'impôt revient à le constater, évaluer sa matière imposable, déterminer le fait générateur de l'imposition ainsi que les contribuables concernés[140]. La liquidation à son tour renvoie au calcul de la dette fiscale du contribuable. Le recouvrement, quant à lui, fait référence à la perception proprement dite des recettes ou de la créance fiscale auprès des contribuables.

À l'évocation de la surface fiscale des MDC, il revient que la totalité des impôts qu'elles perçoivent est forfaitaire. Il s'agit des prélèvements dont le montant est fixé au préalable. Autrement dit, leur assiette, leur calcul ainsi que leur recouvrement sont arrêtés par l'État accréditeur. Il s'ensuit que le pouvoir fiscal des MDC est limité, voire inexistant en ce qu'elles ne détiennent aucune marge décisionnelle dans l'appréciation, l'établissement ou la perception de l'impôt comme le révèlent les situations concrètes auxquelles elles font face.

L'hypothèse de la commande publique démontre nettement que les MDC ne peuvent apprécier l'impôt, la mercuriale et la fixité des taux d'imposition encadrant tout le processus. En cas de contentieux fiscal pareillement, elles sont réduites aux tâches de ventilation des requêtes en cela qu'elles sont tenues de se référer au fisc de leur État.

---

[139] BOUVIER M., *Introduction au droit fiscal général et à la théorie de l'impôt*, Paris, LGDJ, 2006, p. 35.
[140] *Ibid.*, p. 36.

En approfondissant la réflexion sur certains aspects évoqués *supra*, force est de constater l'apparition de certaines difficultés. Pour le cas du contentieux fiscal, il faut déplorer l'absence de marge de manœuvre laissée aux MDC en la matière. En effet, l'éventualité des erreurs sur l'adressataire d'un recours hiérarchique ou d'un recours gracieux émanant d'un ressortissant étranger dirigé vers le Chef de mission diplomatique n'est pas à écarter. De même, la computation des délais relatifs à une telle requête ne saurait véritablement obéir à ceux prévus par la législation en vigueur,[141] considération faite de l'éloignement du justiciable[142]. Lorsqu'elle viendrait à se réaliser, une telle situation constitue une entrave sérieuse à l'accès à la justice[143] et une rupture du principe d'égalité des citoyens devant la loi. En effet, l'une des exigences de la justice que l'on doit aux citoyens est la célérité. Toutes les fois qu'ils en seraient privés, la justice ne saurait être considérée comme efficace et crédible. *De lege ferenda,* la création d'un bureau fiscal auprès des MDC pourrait évacuer les craintes légitimes qui planent et qui persistent autour de leur compétence fiscale.

Par contraste aux missions diplomatiques, les Consuls honoraires du Cameroun sont limités en matière

---

[141]Article 17 de la loi de 2006/022 fixant l'organisation et le fonctionnement des tribunaux administratifs au Cameroun.

[142]MOMO B., « Le problème des délais dans le contentieux administratif camerounais », cité par GUIMDO B-R., *Le juge administratif et l'urgence. Recherche sur la place de l'urgence dans le contentieux administratif camerounais*, Thèse de Doctorat en droit public, Université de Yaoundé II Soa, 2004, p.30

MESCHERIAKOFF A-S., « Le régime juridique du recours gracieux préalable », in *RCD*, série 2, n° 15 et 16, 1978, p.46.

[143]GUIMDO B-R., « Le droit d'accès à la justice administrative au Cameroun. Contribution à l'étude d'un droit fondamental », Presses universitaires d'Aix-Marseille, n° 21, FDSP, 2008, pp.454-495.

d'imposition dans la mesure où ils ne possèdent aucune compétence dans ce domaine.

En contrepoint à leur compétence fiscale décrite, les MDC ne peuvent percevoir les revenus de la parafiscalité. En d'autres termes, elles sont inaptes à recevoir les redevances et autres taxes créées au profit des personnes publiques autres que l'État. À titre illustratif, les MDC ne possèdent pas la faculté de collecter la redevance audiovisuelle et les cotisations sociales bien que recevant des fonctionnaires assujettis à ces prélèvements qui font l'objet d'une retenue à la source. L'exclusion d'une quelconque compétence fiscale aux MDC dévoile en filigrane l'existence des controverses quant à leur administration de l'impôt *lato sensu*.

De façon récurrente, la problématique de la sécurisation des revenus de la fiscalité se pose avec des proportions considérables dans les MDC, considération faite de la précarité qui les caractérise. Sans verser dans le détournement de fonds publics, il ressort de la pratique de ces entités que le produit de l'impôt à reverser au Trésor Public au premier chef, est parfois utilisé pour pallier les carences et besoins immédiats du service public rendu par les postes diplomatiques. Cette défaillance a suscité récemment de la part des Services financiers internes de l'État l'option pour la digitalisation en vue de la sécurisation des recettes fiscales à travers la collecte électronique de l'impôt. Toute chose qui facilitera la traçabilité des ressources fiscales à partir de la constitution des données statistiques propres à chaque juridiction diplomatique.

In fine, les développements qui précèdent démontrent à suffisance l'acuité des problématiques fiscales dans les MDC. À partir de ceux-ci, une fenêtre pourrait être entr'ouverte sur des réflexions relatives à la prérogative fiscale des MDC ou encore sur celles très peu visibles du rôle des MDC dans l'exécution des conventions fiscales auxquelles l'État accréditant a souscrit[144]. Dans leur posture d'excroissance des Services de l'État à l'étranger, les MDC peuvent être mises à contribution dans l'élaboration, l'exécution et le suivi des conventions dans une logique d'éradication des doubles impositions en vue d'établir l'égalité et l'équité véritables.

En tout état de cause, au-delà de l'importance de ces principes fondamentaux, il y a lieu de relever qu'à côté des ressources fiscales se trouvent celles non fiscales. Elles concourent toutes au financement des dépenses des services publics dont font partie les MDC.

Paragraphe II : Les recettes non fiscales des MDC

Les ressources des MDC comprennent également des recettes non fiscales qui en constituent la majeure partie. Pour l'essentiel, elles sont constituées des prestations (**A**) et des services rendus par les MDC (**B**).

A. Les recettes issues des prestations ordinaires

Puriformes et variées dans leur consistance, les recettes diverses reposent sur les activités des MDC. Au rang de celles-ci figurent notamment les recettes émanant des opérations consulaires. En effet, la loi des finances de la République du Cameroun pour l'exercice 2022[145] précise en son article 21 que :

---

[144] ARNOLD B. J., *Introduction aux conventions fiscales*, Toronto, Fondation canadienne de fiscalité, inédit. Voir aussi UZAN M., « Les conventions fiscales internationales, c'est quoi ? À quoi cela sert ? », septembre 2019, consulté en ligne (https://uzan-avocat.fr), le 12 avril 2021.

[145] Loi n° 2021/026 du 16 décembre 2021 portant loi de finances de la République du Cameroun pour l'exercice 2022 ; point 71 de la

« 1° les recettes issues des prestations consulaires constituent des recettes de services régulièrement inscrites dans le budget ;

2° les recettes des prestations consulaires sont constituées notamment :

- *du visa papier ;*
- *du e-visa ;*
- *des documents solennels (notes verbales, lettres de cabinet, accords, brevets consulaires, exequatur)*
- *de cartes consulaires ;*
- *des laissez-passer.* »[146]

Dans cette liste composée pour l'essentiel des recettes fiscales tel que mentionné *supra*, la production de documents solennels constitue la seule recette ne provenant pas d'un prélèvement obligatoire. Pour autant, la marge des MDC en matière de recettes non fiscales n'en est pas moins négligeable. Pour cause, l'essentiel des recettes non fiscales des MDC est construit autour des consultations consulaires obligatoires.

Au titre de celles-ci figurent notamment **les frais administratifs de publication de bans** pour un mariage à

---

circulaire 00000456/C/MINFI du 30 décembre 2021 portant instructions relatives à l'exécution des Lois de finances, au suivi, au contrôle de l'exécution du budget de l'État et des autres entités publiques pour l'exercice 2022.

[146] L'alinéa 4 de cet article prévoit que lesdites recettes sont recouvrées uniquement par voie électronique. De même font-elles l'objet d'une répartition qui laisse transparaitre formellement l'augmentation des ressources des MDC par l'allocation d'une partie desdites recettes. Au vrai, cette répartition ne laisse qu'une portion congrue aux MDC et escamote de fait leur pouvoir financier du fait de la disparition de parcelles sur lesquelles elles possédaient en pratique une marge de manœuvre considérable indispensable pour pallier les manquements de l'État dans le financement de l'activité diplomatique.

l'étranger. En tant que garant de la continuation du service public en dehors des frontières naturelles de l'État, les MDC se doivent de fournir à ses citoyens les services nécessaires à la jouissance de leurs droits civils. Dans ce contexte, les MDC perçoivent les frais administratifs prévus en cas de publication des bans. Cette formalité prénuptiale rendue obligatoire par l'article 53 de l'Ordonnance de 1981 est réalisée par une annonce du projet de mariage auprès des MDC qui tient lieu d'Officier d'état civil. Elle donne lieu au paiement de certains frais pour l'établissement du certificat médical prénuptial, le certificat de non-opposition, les frais de publicité.

De même, l'inscription des Organisations non gouvernementales et des Organisations de la Société Civile nationales et étrangères au fichier de l'État desdites organisations donne lieu au paiement des frais administratifs. Pour l'heure, l'aménagement des mécanismes de collecte et de perception de cette recette reste à parfaire à travers une répartition nette des rôles entre les Administrations concernées à savoir, d'une part le MINAT, à qui le législateur a confié la compétence de création des entités sus évoquées sur le fondement de la loi de 1990 sur la liberté d'association et d'autre part, le MINREX qui représente l'État dans sa totalité à l'extérieur.

- Dans ce même registre, on peut également citer :
- les frais d'immatriculation des véhicules en plaques diplomatiques ;
- les frais administratifs pour l'acquisition de la vignette ;
- les frais d'intervention pour le changement de statut des Camerounais à l'étranger ;
- les frais de consultation et de reproduction des archives diplomatiques ;

- les frais d'inscription au répertoire des traducteurs agréés par le MINREX et d'authentification des traductions ;
- les frais d'authentification internationale de tout autre document administratif (diplôme…) au sein des représentations diplomatiques.

En somme, la problématique qui ressort en filigrane dans ces recettes non fiscales est celle de leur consécration dans la loi des finances. Dans l'ensemble, ces revenus ne sont pas encadrés dans la loi. Ce qui justifie que leur tarification soit arbitrairement établie ou indexée sur celle de l'État d'accueil par mimétisme. Par ailleurs, les procédures y afférentes ne sont pas strictement à date ce qui pose la question des intervenants, des seuils et de la péréquation de ces revenus.

B. Les recettes issues des revenus du domaine de l'État

Dans le champ des recettes non fiscales, il faut préciser que les recettes recouvrées par les MDC vont au-delà de celles des activités consulaires. Elles s'étendent aux revenus du domaine de l'État à l'étranger gérés par la représentation diplomatique à savoir le produit des loyers ou des ventes de biens meubles ou immeubles, mais aussi, le produit des indemnités versées par des tiers en réparation de dommages causés à l'État (sanctions, pénalités et frais de poursuite), les remboursements et intérêts des prêts, avances et autres immobilisations financières ainsi que les produits divers.

Plusieurs États dans le monde connaissent ce type de recettes émanant de la rentabilisation et de la valorisation de leur patrimoine immobilier à l'étranger. Il faut signaler que les recettes provenant des revenus locatifs à l'étranger présentent particulièrement un grand intérêt pour les États. Au Cameroun, des missions sont régulièrement effectuées dans le cadre d'un comité interministériel, par les Services de la Présidence de la République, du ministère des Relations extérieures, du ministère des Domaines, du Cadastre et des Affaires foncières aux fins d'une maîtrise et d'un contrôle du patrimoine immobilier à l'étranger. Pour le cas d'espèce, la ville de Paris apparaît généralement comme un site privilégié de captation des revenus locatifs pour l'État du Cameroun en raison de l'importance du patrimoine immobilier qu'il y possède.

Dans une logique de rentabilisation de leurs recettes non fiscales, certains États européens et arabes ont acquis des immeubles dans les grandes capitales économiques et politiques du monde loués sur la base des baux très rémunérateurs auxquels on peut rajouter le cas des séquestres judiciaires. Ces biens immobiliers ne bénéficient pas tous d'une immunité juridictionnelle[147], seuls ceux utilisés à des fins de souveraineté et non dans des buts économiques (biens meubles, biens mobiliers fixes ou roulants) appartenant à l'État et donc rattachés aux MDC bénéficient de l'immunité d'exécution due aux biens étatiques des missions diplomatiques. Pour un meilleur suivi de cette activité génératrice de recettes de l'État, certains pays, à l'instar de la France, ont créé des comptes d'affectation spéciale avec pour objectif :

- de recouvrer les recettes de location ou de cession des biens immobiliers ;
- d'assurer une bonne traçabilité de l'État français ;
- d'entretenir et de restructurer le parc immobilier de l'État à l'étranger[148].

En 2017, cette activité reconfigurée en périmètre et en source de financement a débouché sur un changement

[147] V. Nations Unies/les immunités juridictionnelles des États et de leurs biens, ALCN. 4/343, 14 avril 1961.
[148] Art.47 de la Loi de Finances de l'exercice 2006.

notable et positif de la gestion des immeubles de l'État français à l'étranger.

L'autre catégorie de ressource est constituée des recettes de trésorerie encaissées par la paierie auprès d'une mission diplomatique ou consulaire. Elles sont constituées :

- des fonds reçus de la paierie auprès d'une mission diplomatique ou consulaire ou d'un autre poste au titre des délégations de crédits ; les Paieries auprès des missions diplomatiques et consulaires sont ainsi chargées de recevoir et d'encaisser les fonds mobilisés dans lesdites missions ou également les fonds des missions diplomatiques ou consulaires sans Paierie ou qui connaissent un dysfonctionnement ;
- des recettes encaissées pour le compte d'autres payeurs ou de correspondants administratifs dont le recouvrement leur est confié à la DGTCFM à l'étranger ;
- des montants des dépôts en monnaie locale ; à ces montants sont appliqués les taux de chancellerie pour diverses opérations. En la matière, la pratique au Cameroun veut que le ministre des finances par acte réglementaire fixe les taux de chancellerie applicables dans les missions diplomatiques et consulaires, et dont les directions générales du Budget et du Trésor s'occupent du contrôle et du suivi ;
- des retenues opérées sur les salaires du personnel en poste suite à des oppositions ou à des saisies arrêts signifiées à la Direction générale du Trésor ;
- des fonds issus de l'État d'origine, en vue des opérations et des activités non diplomatiques ou non consulaires encore appelées délégations automatiques ou ponctuelles de crédits.

La prise en charge et le recouvrement, ou la perception de l'ensemble de ces recettes, incombent exclusivement aux payeurs qui sont, par ailleurs, tenus d'en assurer l'intégration conformément aux exigences de transparence[149] précisées par la loi n° 2018/011 du 11 juillet 2018.

Au bout du compte, la pluralité des recettes des MDC, telle que déclinée ci-dessus, renseigne déjà sur la consistance de leurs activités financières auxquelles il faut ajouter des dépenses multiformes.

Section II : les dépenses des missions diplomatiques et consulaires

La dépense publique est un moyen de réalisation des programmes. Les dépenses des missions diplomatiques et consulaires sont des dépenses publiques dont l'approche a évolué et tend de plus en plus vers une gestion intégrée[150]. On ne saurait passer sous silence l'importante, quoiqu'abstraite, définition avancée à propos par Loïc PHILIP, qui les considère comme des dépenses effectuées au moyen des deniers publics[151] et qui sont exécutées sur la base des procédures normales et dérogatoires. Suivant un critère empirique, elles s'articulent en deux variantes qui en dévoilent les finalités : le fonctionnement (**paragraphe I**) et l'investissement (**paragraphe II**).

---

[149] Les articles 1, 5, 25, 35, 40 de la loi n° 2018/011 du 11 juillet 2018 portant code de transparence et de bonne gouvernance au Cameroun.

[150] LAURENT M., *Réforme des finances publiques : la conduite du changement* - Acte de la IIIe Université du Printemps des Finances Publiques du Groupement Européen des Recherches sur les Finances Publiques (GERFIP), LGDJ, 2007, pp. 113-114.

[151] PHILIP L. (dir.), *Dictionnaire encyclopédique de finances publiques*, Paris, Economica, 1991, p.596.

Paragraphe I. Les dépenses de fonctionnement

Dans cette catégorie figurent les dépenses qui permettent de prendre en charge toutes les activités courantes quotidiennes et normales des MDC. Elles sont fondées sur les crédits budgétaires ouverts au titre du poste diplomatique ou consulaire. En plus des autres aspects que nous ne saurions épuiser ici, elles comprennent généralement : les catégories générales (A), celles dites spéciales (B), et les dépenses induites par le fonctionnement du décanat diplomatique, au-delà de la spécificité des dépenses salariales (C) qui retiendront notre attention dans le cadre de cette étude réservée aux finances publiques des MDC.

A. Les catégories générales

Elles sont constituées des dépenses courantes et des dépenses de souveraineté.

En premier lieu, les dépenses courantes, nécessaires à la logistique de l'appareil administratif du poste diplomatique ou consulaire tels les frais de location d'immeuble, les frais d'entretien permanent des locaux, les frais d'acquisition et de maintenance du matériel et du mobilier, les fournitures, les impressions et abonnements divers, les carburants et lubrifiants pour le déplacement des véhicules. Rentrent également dans cette rubrique, les frais d'acquisition, de gestion du matériel et des infrastructures du département ; les frais d'entretien du patrimoine meuble et immeuble et du suivi de la gestion du patrimoine mobilier et immobilier du Département dans l'État d'accueil. Les dépenses relatives aux manifestations, aux séminaires et conférences, celles d'encadrement des ressortissants du pays représenté par les MDC ; les dépenses de renouvellement du poste, d'achat des véhicules, des machines de bureau, des mobiliers divers, etc.

En deuxième lieu, les dépenses de souveraineté des MDC sont considérées comme relevant des services extérieurs de l'État[152]. Dès lors, les dépenses de ces représentations de l'État sont réalisées et finalisées par le ministère en charge des relations extérieures. Pour autant, leur activité n'en demeure pas moins stratégique. En substance, les dépenses de souveraineté possèdent un caractère circonstanciel ou conjoncturel, en ce sens que le caractère souverain varie en fonction des contingences politiques, économiques et diplomatiques de l'État. En sus des dépenses en dépassement des crédits ouverts au titre du poste diplomatique ou consulaire par lequel elles pourvoient aux opérations de dépenses effectuées à l'étranger au profit d'autres services publics[153], elles interviennent dans les contributions de l'État aux organisations internationales et les missions à l'étranger des membres du gouvernement et assimilés. Au double plan comptable et budgétaire, les MDC servent de service de relai et de transmission des fonds relatifs à ces contributions.

Cerner la quintessence des contributions de l'État au budget des organisations internationales revient à admettre, d'emblée, le postulat selon lequel, le statut de membre d'une organisation internationale assujettit l'État qui l'acquiert au versement des participations. C'est à travers

---

[152] Voir article 172 du Décret n° 2013/112 du 22 avril 2013 portant organisation du MINREX.

[153] Il n'est donc pas exclu de voir les comptables publics établis au sein des postes des MDC opérer pour le compte du Trésor, le paiement des bons de caisse, des mandats d'ordre de paiement au profit d'autres structures étatiques. Ainsi, les dépenses liées aux évacuations sanitaires, au paiement des bourses et divers appuis aux étudiants, celles d'acquisition du matériel stratégique ou spécifique par les structures concernées s'effectuent grâce au concours de la Paierie de la représentation diplomatique, dont l'appui technique facilite les opérations.

elles que l'organisation fonctionne et se déploie. Comme l'a si opportunément souligné Augustin KONTCHOU KOUOMEGNI[154]. Ces dernières années, la participation des États africains aux organisations internationales s'est accrue et constitue un indicateur de leur comportement diplomatique. Cet accroissement identifié par le chercheur camerounais est exponentiel aujourd'hui dans le monde et propre à tous les pays. Les dynamiques continentales, internationales, régionales, ont accéléré la participation des États à diverses activités internationales au-delà de celles induites par les Organisations internationales[155]. L'accroissement ainsi souligné a des conséquences financières importantes. Le cas du Cameroun est une fois de plus édifiant et illustratif.

En effet, l'on observe s'agissant des contributions auprès des organisations internationales, que les MDC jouent le rôle de relai et de mémoire en ce qui concerne ces opérations de mobilisations des fonds. À titre illustratif, le tableau récapitulatif de la situation des organisations internationales pour la période 2017-2019 le corrobore à suffisance. L'on verra ainsi :

- qu'au titre de l'exercice 2017, pour un total de 199 organisations internationales dont le Cameroun est membre, dont 173 organisations internationales inscrites dans la loi des finances, et 26 non inscrites, mais ayant bénéficié des contributions, on totalisait 9 624 211 000 FCFA en termes de contributions projetées ;

---

[154] KONTCHOU KOUOMEGNI A., *Le système diplomatique africain. Bilan et tendances de la première décennie*, Paris, éditions A. Pedone, 1977, p. 49.

[155] Voir ONDOUA A. F., *Cours de droit communautaire institutionnel*, Université de Yaoundé II, Licence III, Droit public et sciences politiques, 2020-2021, inédit.

- qu'au titre de l'exercice 2018, pour un total de 206 organisations internationales, dont 173 inscrites dans la loi des finances, et 33 non inscrites, mais ayant bénéficié des contributions, l'on prévoyait 9 764 211 000 de FCFA comme montant total des contributions ;
- qu'au titre de l'exercice 2019, pour un total de 187 organisations internationales, dont 170 inscrites dans la loi des finances, et 17 non inscrites, la prévision des contributions s'élève à 8 563 622 000 de FCFA.

Par ailleurs, en plus des contributions aux organisations internationales, l'État est tenu par d'autres participations innommées, mais toutes aussi importantes pour son développement et son rayonnement international. Pour s'en rendre compte, il suffit de relever que pour les exercices 2017, 2018 et 2019, le montant des provisions relatives à ces dernières, cumulé à celui des provisions concernant des premières, s'élève respectivement pour les exercices à 10 124 211 000 (soit 500 000 000 de FCFA de majoration), 10 264 211 000 de FCFA (soit 500 000 000 de FCFA de majoration) et 9 504 095 000 de FCFA (soit 940 473 000 de FCFA de majoration).

Les dossiers liés au paiement desdites contributions sont spécifiquement monitorés par les MDC qui les suivent et relancent les acteurs des ministères et leurs fournisseurs, un appui technique régulier basé sur les orientations et les évolutions, ces stratégies des organisations internationales. En cas de retard, les MDC relayent les lettres de rappel de paiement desdites contributions en évitant à leur pays les tourments occasionnés par un refus de payer ou par un paiement tardif. Leurs services financiers participent souvent aux opérations de mise à disposition de ces fonds autant que le MINFI, le MINREX et en liaison avec les ministères sectoriels. Cette activité est d'ailleurs encadrée par les différentes circulaires relatives à l'exécution du budget qui précisent les informations que doit comporter toute demande de paiement desdites contributions, à savoir :

- l'acte d'adhésion à l'O.I ;
- la résolution financière de la dernière session des organes délibérants ;
- les références bancaires ;
- l'adresse de l'Organisation Internationale ;
- l'état des arriérés[156].

Ces éléments illustrent bien qu'une part non négligeable du budget de l'État contribue à financer les organisations internationales. Au regard du nombre de défis, pour la plupart sécuritaires, l'État est effectivement appelé à faire face à cette catégorie non limitative de défis humanitaires et stratégiques reposant sur la solidarité internationale. Ces sollicitations financières internationales toujours plus nombreuses amènent certains États comme le Cameroun, à ouvrir ces derniers temps une réflexion sur la limitation de leur intégration ou l'adhésion aux Organisations internationales et, par ricochet, sur leur participation au financement desdites Organisations internationales. Tel n'est assurément pas le cas des dépenses liées aux frais de souveraineté, qui restent solidement ancrées dans le budget.

S'agissant des dépenses relatives aux missions à l'étranger des membres du gouvernement et assimilés, l'exploitation et l'analyse des différentes circulaires, portant instruction relative à l'exécution de la loi de finances démontre que les frais de souveraineté sont régulièrement prévus. En effet, ils sont consentis à

---

[156] Point 132 de la circulaire relative à l'exécution du budget exercice 2020.

l'occasion des missions à l'étranger des membres du gouvernement et assimilés. Leur montant est fixé par l'autorité compétente, à savoir : le Président de la République ou le Premier ministre, selon le cas. Les MDC sont concernées en ce sens que les ambassadeurs bénéficient de ces frais de souveraineté dans le cadre de certains voyages officiels, compte tenu de leur rang.

Ces frais prennent la forme d'un accord écrit, notifié au bénéficiaire et sont imputés, soit aux chapitres communs non ministériels gérés par le ministère des Finances, soit au chapitre budgétaire de l'autorité bénéficiaire de la dépense. Les frais de souveraineté maintes fois présentés par diverses circulaires portant sur l'exécution du budget se confinent aux déplacements des membres du gouvernement et assimilés. Mais, en réalité, elles s'étendent sur un champ qui embrasse totalement la souveraineté originelle de l'État qui renvoie à une autre réalité déjà développée dans les premières pages de notre réflexion qui va s'étendre sur les autres pans de dépenses de souveraineté.

B. Les catégories spéciales

L'étude des catégories spéciales suppose que soient d'abord élucidées la délicate question des régies d'avances (1) et celle des dépenses exceptionnelles spécifiquement liées à l'activité diplomatique (2) pour ensuite entreprendre l'analyse des dépenses salariales. Au sein de cette catégorie des charges des MDC, figurent principalement les dépenses dites dérogatoires, notamment celles pouvant survenir en cours d'année sans avoir été expressément prévues par les MDC et relevant des réalités concrètes ou des événements dictés par l'urgence des interventions de l'État[157]. S'y retrouvent généralement : les activités militaires, les

[157] MVE EBANG F., *L'urgence dans les marchés publics au Cameroun*, Thèse de Doctorat PhD en droit, Université de Douala, 2021, 448 p.

interventions de la sphère politique, les interventions dans les conflits internationaux ou encore de la réalisation des missions de renseignements, etc. En France, un texte détermine de façon limitative la liste des dépenses intégrant cette classe[158]. Ledit acte prévoit également leur régularisation budgétaire et comptable en fin d'exercice[159]. Au Cameroun, la couverture des dépenses liées au décanat diplomatique et davantage à leur procédure d'exécution.

1. La délicate question des régies d'avances

Les régies d'avances dérogent totalement à la règle de la séparation des ordonnateurs et des comptables ainsi qu'aux procédés d'exécution habituelle. Cette pratique est utilisée pour les dépenses d'un montant modeste devant servir à couvrir les opérations urgentes de moindre importance et à incidence financière réduite. Elles sont encadrées au Cameroun par trois textes principaux[160] à partir desquels il devient possible d'en appréhender le régime tant à travers leur mode de création, de clôture qu'en passant par leur examen.

---

[158] Arrêté du 8 juin 2018 fixant la liste des dépenses sans ordonnancement préalable.

[159] PHILIP L., *Finances publiques*, Paris, Cujas, 3e éd., 1989, pp. 284-298 et LEKENE DONFACK C., Finances *publiques camerounaises*, Berger-Levrault 1987, pp.40-46.

[160] Il s'agit notamment : de la directive n° 02/08-UEAC-190-CM-17 du 20 juin 2018 portant règlement général de la comptabilité publique en ses articles 20 à 45 ; du décret n° 2013/16 du 15 mai 2013 portant règlement général de la comptabilité publique en son article 82 et de la circulaire n° 001 C/MINFI portant instructions relatives à l'exécution de la loi de finances, au suivi et au contrôle de l'exécution du budget de l'État et des autres entités publiques pour l'exercice 2019. Ce dernier texte est modifié chaque année en raison de sa vocation à accompagner l'exécution pratique de la loi des finances.

Le régime de création et la clôture des régies d'avances dans les MDC relève de l'exception en droit[161].

Dès sa genèse, la création d'une régie d'avances dans les MDC s'écarte de l'ordinaire en ce qu'elle est autorisée par le ministre des Finances sur la base d'une demande du chef de la MDC. Elle se justifie par le paiement des menues dépenses courantes qui ne peuvent être prises en charge dans le cadre de la procédure normale en raison de leur caractère urgent et leur faible montant. Pour sa mise en place, l'acte constitutif de la régie d'avances doit comporter :

- l'objet de la régie (dans les MDC, il s'agit, des opérations liées au fonctionnement des hôtels particuliers des ambassadeurs, aux cérémonies, à la rémunération des personnels recrutés sur place, au paiement de certaines indemnités…).
- Les informations suivantes : le montant de l'avance (il s'agit du montant total accordé au régisseur) ; le détail des dépenses retenues ; le montant maximum des dépenses par opération ; la durée de la régie (n'excédant pas généralement un an) ; la prise d'effet de l'acte de création et les conditions dans lesquelles il sera exécutoire.

La régie est ouverte sur la base de deux actes du ministre des Finances. Le premier porte création de ladite régie, le deuxième désigne les responsables chargés de sa gestion. Ces actes comportent des informations importantes et fondamentales à la pratique des régies[162].

---

[161] ONDOA M., ABANE ENGOLO P. (dir.), *L'exception en droit. Mélanges en l'honneur de Joseph OWONA*, Paris, l'Harmattan, 2021, p. 25.

[162] Nous pouvons évoquer : les noms, prénoms et numéros matricules de ces responsables ; les informations complémentaires liées à la rémunération desdits responsables par régie d'avances[162] ; le nombre

D'exception en exception, la clôture de la régie d'avances déroge au principe du parallélisme des formes érodant ainsi un paravent de la juridicité[163]. Créée par acte du ministre des Finances, elle est clôturée au moyen d'un procès-verbal signé d'une part, par les contrôleurs et d'autre part, par les responsables chargés de sa gestion. Toute régie ouverte à l'année N est close au 31 décembre de cette même année. Elle ne peut à nouveau être ouverte qu'après sa clôture par les contrôleurs au nom du ministre des Finances. Dans cette logique, on peut affirmer qu'en agissant à ce titre, il la clôture en lieu et place du ministre des Finances. Des irrégularités relevées et consignées dans le procès-verbal de clôture peuvent empêcher la réouverture de la régie d'avances et entraîner des sanctions à l'encontre des régisseurs conformément à la réglementation en vigueur. Cette procédure de clôture en total déphasage avec le sacrosaint principe du parallélisme des formes repose sur la vérification des pièces produites par les responsables chargés de sa gestion. Mais, dans une analyse plus fine, on peut l'admettre au regard du volume et du nombre des régies d'avances créées au cours d'un exercice budgétaire.

Relativement à leur examen, les régies d'avances des MDC font l'objet de deux types de contrôles : les contrôles internes et les contrôles externes. Premièrement, les contrôles internes sont menés par le contrôleur financier de la représentation diplomatique lorsqu'il en existe, et le payeur après réception des pièces justificatives des dépenses[164] et des éventuels reliquats de la régie. Ce

---

d'encaisses ; le volume d'encaisses autorisées ; la nature et le volume des opérations éligibles détaillées par rubrique de dépenses.

163 ONDO EBANG W., *Le parallélisme des formes en droit administratif*, Mémoire de DEA, Université de Yaoundé II Soa, 2011, 140 p.

164 Il peut s'agir des bons de commande, certification de service fait, factures acquittées, tickets de caisse.

contrôle, simple autoévaluation, se justifie par la nécessité pour le comptable public de s'assurer d'une part, de l'authenticité, de la régularité des pièces du dossier et d'autre part, de l'existence des fonds du paiement régulier et des reliquats des fonds, destinés à la régie.

Deuxièmement, les contrôles externes se tiennent annuellement ou quelques fois ponctuellement. Ils trouvent leur justification par le volume et le nombre des régies d'avances ouvertes dans chacune des MDC vérifiées. Ils sont effectués par le ministère des Finances par l'entremise des directions générales du budget et du Trésor. Les contrôleurs du Trésor procèdent aux vérifications des opérations de la régie depuis la date d'ouverture jusqu'à la clôture. Ainsi sont vérifiés :

- les documents comptables ;
- l'utilisation des fonds reçus (encaissés);
- les factures et facturettes ;
- les dépenses effectuées ;
- le reversement du reliquat ;
- le dossier de régularisation de la régie d'avances (régularisation des pièces à la base de la régie…) ;
- le paiement des taxes et impôts y relatifs au Trésor.

Ces contrôles donnent lieu à un rapport adressé à l'autorité qui a initié la mission de contrôle avec des propositions portant sur :

- le cadre réglementaire ;
- la gestion comptable du régisseur ;
- la gestion managériale ;
- les situations diverses ;

Ledit rapport contient les observations et recommandations de sanctions en cas de malversations à l'encontre des gestionnaires coupables ou indélicats.

2. Les dépenses exceptionnelles spécifiquement liées à l'activité diplomatique

Au rang de ces dépenses exceptionnelles, nous présenterons essentiellement les plus saillantes, à savoir : les dépenses liées au fonctionnement du décanat diplomatique (a) et celles relatives à l'installation des ambassadeurs (b).

a. Les dépenses liées au fonctionnement du décanat diplomatique

La désignation d'un Chef de mission diplomatique est un prestige et un honneur pour son pays. Mais au triple plan juridique, financier et comptable, elle induit plusieurs interrogations ayant trait au financement des activités y relatives, à leur source, à leur montant et aux procédures d'exécution et de clôture desdites dépenses.

Les dépenses occasionnées par les charges de doyen du corps diplomatique sont véritablement exceptionnelles. Elles sont présentées dans le régime financier de l'Etat comme des_opérations spéciales. Par contraste à celles sus évoquées[165], elles ne sont ni courantes ni prévues dans le budget de la MDC. Elles peuvent être à la fois objectives et subjectives, motif pris de ce qu'elles sont rattachées à un État d'une part, et parce qu'elles concernent un ambassadeur du fait de son ancienneté à un poste dans une mission diplomatique, d'autre part.

Le corps diplomatique qui rassemble les Chefs des missions diplomatiques de plusieurs États est représenté par

---

[165] Voir *infra*, p.42.

un Doyen, généralement Chef de mission de la catégorie la plus élevée détenant des lettres de créance les plus anciennes. Il est le porte-parole des missions diplomatiques. Il lui revient, entre autres, la mission d'assurer la protection des intérêts ainsi que la cohésion du corps diplomatique. Cette prérogative lui confère le statut d'interlocuteur direct de ce corps auprès de l'État accréditant. Aussi peut-il fixer en liaison avec le ministre chargé des Affaires étrangères, la préséance au sein du corps diplomatique en application de la Convention de Vienne de 1961.

Dans cette posture, le Doyen du corps diplomatique est chargé :

- d'organiser des réunions, des conférences, des séances de concertation ou d'information à caractère diplomatique ou consulaire ;
- d'animer les cérémonies, les banquets, les repas, mobiliser en conséquences les moyens[166] dans le cadre des réunions du corps diplomatique ;
- de prendre part à toutes les cérémonies, aux conférences, aux banquets à caractère diplomatique qui interpellent le corps diplomatique qu'il représente en tant que doyen ;
- d'utiliser ou louer des infrastructures (salles) adaptées à cette activité qui doit s'effectuer dans un cadre agréable et qui convient à ses homologues.
- de fédérer les interventions du corps diplomatique autour de certaines questions d'intérêt commun

---

[166] Cette activité majeure du décanat diplomatique illustre étrangement les propos de Talleyrand qui affirmait qu'« *On ne fait pas de bonne diplomatie sans bons déjeuners* », in STEFANINI L., *A la table des diplomates. L'histoire de France racontée à travers ses grands repas (1520-2015),* Paris, Folio, 2019, 352p.

À titre illustratif, à Berne en Suisse, un an sur deux, le Doyen du corps diplomatique reçoit le Conseil fédéral et le Conseil à son tour, reçoit tous les ambassadeurs à la tête desquels se trouve le Doyen du corps diplomatique, accompagnés de leurs épouses[167]. Cette activité non prévue dans le budget initial de la mission diplomatique peut le devenir au fil du temps, celle-ci génère souvent des charges amenant le Doyen du corps diplomatique à solliciter de son pays d'origine, des crédits supplémentaires expédiés au moyen de la procédure de délégation ponctuelle de crédits destinés à la prise en charge convenable de ces dépenses exceptionnelles.

Dans leur exécution, les dépenses spéciales impliquent forcément l'aménagement d'une procédure d'exécution tout aussi exceptionnelle que leurs circonstances d'engagement. Pour illustrer ce caractère spécial, il est indiqué de présenter succinctement la procédure normale d'exécution des dépenses afin de mettre en lumière ladite exceptionnalité.

En règle générale, la procédure normale d'exécution de la dépense s'articule en quatre étapes classiques : l'engagement, la liquidation, l'ordonnancement et le paiement.

- En période d'urgence ou en cas d'opérations exceptionnelles, ce canevas n'est plus observé et la procédure normale n'est plus de rigueur comme l'atteste le cas spécifique de la régie d'avances dont la procédure comprend :
- la mise en place de l'avance de réservation de crédit ;
- le déblocage de la première encaisse ou déblocage total pour les Régies d'avances à encaisse unique ;

---

[167] Source : entretiens.

- le règlement des dépenses par le régisseur ;
- la réception des pièces justificatives par les services financiers (contrôle financier) pour apurement, accompagnée de la demande d'engagement budgétaire ;
- la transmission du dossier d'engagement au comptable assignataire accompagné du procès-verbal d'apurement ;
- la prise en charge de la dépense par le comptable assignataire ;
- le reversement du reliquat de la régie le cas échéant.

Dès la fin du décanat diplomatique, le Chef de MDC ne reçoit plus de crédits délégués destinés à couvrir ces charges exceptionnelles, les opérations de clôture sont désormais effectuées par les Services compétents du MINFI.

b. Les dépenses liées à l'installation des ambassadeurs

Dans le registre des dépenses exceptionnellement générées par l'activité diplomatique, figurent en bonne place les charges découlant des frais d'installation des ambassadeurs. En substance, il s'agit des fonds que le président de la République, le Roi, le Premier ministre selon les cas verse à l'ambassadeur à l'occasion de sa première installation au sein d'une juridiction diplomatique. En général, cette provision sert à couvrir les besoins d'emménagement et d'aménagement du haut fonctionnaire dans son nouveau ressort de compétence.

Non prévue dans le budget du MINREX, cette dépense n'est nulle part consacrée en droit positif camerounais. Ces frais dont le montant est inconnu sont subjectivement accordés à leurs récipiendaires dont sont exclus les Consuls *de facto* selon la statistique courante[168]. Pour cette inégalité catégorielle, elle peut être regardée et analysée comme une dépense à géométrie variable. L'opération visant à sa perception ou à son bénéfice est déclenchée par une demande émanant d'un nouvel ambassadeur à l'adresse de la plus haute autorité de l'État. En réaction, celle-ci peut instruire au MINFI le déblocage d'un montant qu'elle précise.

Par contraste à cette opacité, elle est rigoureusement encadrée et les montants y relatifs sont arrêtés par le Président de la République à Djibouti[169]. Elle prend alors la forme d'une indemnité ou d'une prime spéciale d'installation. Sous d'autres cieux, elle s'intitule prime d'équipement. Dans une logique de théorisation et de systématisation, les recherches menées à propos, aboutissent à leur non-budgétisation dans les dépenses des MDC. De fait, nonobstant les considérations pratiques qui les motivent, elles ne justifient aucunement d'une source formelle ou d'un fondement écrit. Au plus, leur mobilisation tient à la fois à la relation personnelle entretenue entre le Chef de l'exécutif et l'Ambassadeur, à l'intensité de la dynamique politico-économique que le prince entend imprimer à la juridiction diplomatique du bénéficiaire ainsi qu'à l'importance accordée la représentation diplomatique concernée dans l'échiquier des relations internationales pour la politique étatique.

C. La spécificité des dépenses salariales : le régime du salaire diplomatique

Certaines dépenses de fonctionnement des MDC notamment celles portant sur les salaires sont marquées du

---

[168] Source : entretiens.

[169] Arrêté n° 94-0888/PR/AE du 2 octobre 1994.

sceau de la spécificité[170]. Cette particularité, qui justifie qu'une plus grande attention leur soit accordée, découle non seulement du salaire diplomatique (1) et de son mode d'extinction. Il s'agit *grosso modo* d'une rémunération spéciale combinée à des éléments de salaire reposant sur des règles normales et dans une certaine mesure du salaire des personnels recrutés sur place (2).

1. Le salaire des personnels à matricule

La rémunération salariale des personnels à matricule s'appréhende à l'aune de sa consistance et de ses fondements (a). Sur la base des rappels, des préalables historiques[171] dont dérivent ses fondements, l'intérêt

---

[170]L'étude des salaires des agents des MDC vise essentiellement à apporter des clarifications sur la problématique des salaires et à présenter les instruments et les mécanismes et la structure de ces salaires. On peut d'emblée relever que les questions salariales restent une préoccupation majeure dans les administrations et les autres structures existantes dans le monde qui ont toujours utilisé les ressources humaines. C'est aussi à noter que sur le plan du droit dans chaque État et dans chaque espace communautaire, la législation et la jurisprudence sur les salaires sont très riches et variées. Les répercussions sur les MDC n'en sont que le prolongement. Ainsi dans les textes internationaux s'y appesantissent à l'instar des conventions communautaires de sauvegarde des droits de l'Homme et des libertés fondamentales sans avoir la prétention d'épuiser les questions salariales des MDC.
Dans ce pan du droit, en autant de mutations on peut constater l'existence de plusieurs instruments nationaux au contenu différent et éclaté ainsi qu'une production législative, réglementaire diversifiée et dynamique. Lire dans ce sens CAILLOSSE J., *L'État du droit administratif,* Paris, LGDJ, 2015, 380 p., lire également SUDRE F., *Droit européen et international des droits de l'Homme*, PUF, Paris, 2006, pp.18-19.

[171]Cette analyse repose sur des repères historiques, nous évoquerons particulièrement la contribution scientifique de certains chercheurs qui se sont penchés sur la question tels que Alain PLANTEY[171] et PIERRY Laetitia rendant compte de la quintessence d'une réflexion sur le salaire du Secrétaire d'État aux Affaires étrangères de Louis XIV.

théorique de l'étude consiste alors à mettre en lumière la structure et les modalités d'octroi (b) et de cessation du salaire diplomatique (c).

a. La consistance et les fondements du salaire diplomatique

L'agrégation des éléments essentiels sur lesquels est assis le salaire diplomatique lui donne une consistance théorique singulière qu'il est intéressant d'analyser.

- La consistance du salaire diplomatique :

Dans la fonction publique, la prérogative principale, du fonctionnaire en service tant à l'intérieur qu'à l'extérieur de l'État réside dans le paiement du salaire. Au Cameroun, le principe du salariat fonctionnaire découle de l'article 27 du Statut général de la Fonction Publique qui précise que : « *le fonctionnaire a droit après service fait à une rémunération comprenant un traitement indiciaire, des prestations familiales obligatoires et éventuellement des indemnités et primes diverses* »[172]. À l'évidence, ce texte détermine le

---

[171]Louis XIV de 1774 à 1787 soulignait qu'il percevait un traitement de 50 000 livres bruts auxquels s'ajoutent les intérêts de la charge portés à 20 000 livres. Toutefois, il n'est pas exempté de certaines taxes notamment la retenue à la capitation et le dixième, ce qui ramène en fin de compte le total de ses appointements annuels à la somme de 272 100 livres malgré une gratification annuelle de 50 000 livres qui lui était accordée à vie. Bien plus, outre les bienfaits du Roi, le Secrétaire d'État aux Affaires étrangères reçoit également des gratifications de la part des cours étrangères.

Au XVIIIe siècle, l'usage des présents diplomatiques est en effet répandu. Selon les chiffres avancés par l'historien François MASSON, leur montant s'élèverait sous le ministériat du Comte de Vergennes à près de 119,748 livres 2 sous 6 deniers. Cette somme n'exclut pas les pensions personnelles obtenues pour l'accomplissement des missions diplomatiques et militaires.

[172]Article 27 du décret n° 94/199 du 7 octobre 1994 modifié et complété par le décret n° 2000/287 du 12 octobre 2000.

cadre de la rémunération de l'agent public[173]. Cependant, pour ce qui est du cas des diplomates et assimilés, le fondement de la rémunération contenu dans ce texte est considérablement modifié par des éléments additionnels, d'où la singularité du salaire diplomatique. Celui-ci repose sur un nombre d'instruments qui sont attachés à chaque État. Heuristiquement, une réflexion pionnière sur la question amorcerait le déblaiement d'un secteur longtemps resté en friche par la communauté scientifique ainsi que par les spécialistes en la matière.

- Les fondements du salaire diplomatique :

Le salaire des agents publics des MDC a plusieurs fondements. Ceux-ci peuvent être abordés sous leurs aspects politiques et juridico-économiques.

Dans l'ordre des fondements politiques, les salaires et les gratifications de ces personnels des services extérieurs de l'État sont fixés par le prince. En effet, les obligations de réciprocité diplomatique, les charges et le niveau de vie ainsi que la représentation amènent la plupart des Chefs d'État dans le monde, à mieux encadrer financièrement leurs représentants ainsi que leurs équipes permanentes. Tel est notamment le cas de l'Ambassadeur qui incarne l'État accréditaire. Dans la plupart des pays, il relève de la catégorie des personnels à solde globale.[174]

Au surplus, on peut identifier, à côté de l'Ambassadeur d'autres responsables, dont le déploiement infère que de

---

[173]Les justifications du salaire de diplomate s'appuient sur les réalités et les contraintes du métier, l'indemnité résidence à l'étranger. Le corps diplomatique est constamment amené à déménager, à se déplacer à travers le monde. Les diplomates bénéficient généralement d'une indemnité de résidence ou parfois de sécurité consacrée pour certains États, à ceux de leurs représentants qui exercent dans les zones de conflits ; leur rémunération tient aussi compte du prestige du poste.
[174]PIERRY L., *op. cit.*, p. 90

plus en plus les gouvernements s'entourent des conseillers avertis, d'experts ayant une grande expérience des questions internationales. Ces agents publics, conseillers ou acteurs diplomatiques sont appelés à assurer le prolongement et la coordination de l'action de leur gouvernement à l'étranger ou à négocier des accords internationaux. Parangon d'agent public du service public diplomatique[175], le diplomate bénéficie d'une solde qui est fonction de son grade, son échelon, ses responsabilités, etc. De façon synthétique, on peut préciser que, tête de proue de ce Service, l'Ambassadeur, agent public responsable avec le rang le plus élevé des services extérieurs diplomatiques, bénéficie d'une solde globale basée sur des indemnités indiciaires et des primes[176]. Dans l'imaginaire commun, le salaire du fonctionnaire[177] des MDC n'est pas structuré à l'identique de celui de l'agent public de l'État accréditaire. Il est majoré, comparativement au salaire de ce dernier, par des éléments relatifs à l'expatriation, au rattrapage du décalage du niveau de vie dans l'État d'accueil, ainsi que de ceux portant sur les risques justifiés par l'éloignement du pays d'origine[178]. Sans en dénier la pertinence, les disparités soulevées par une telle réflexion ramènent à la

---

[175]L'idée de service public diplomatique souvent usitée renvoie à une conception large et ample des missions de cette administration, qui va au-delà du protocole pour embrasser les activités économique, sociale, culturelle, militaire, touristique que l'État encadre même sur le plan de la motivation des ressources humaines.

[176] PIERRY L., *op. cit.*, p. 90,

[177]*Latissimo sensu.*

[178] Il n'est pas inopportun de souligner dans ce registre une catégorie de rétribution qui dépend uniquement de la volonté du prince. Non enserrée dans des textes précis, elle relève des sentiers et de la pratique courante et rejoint l'idée du Doyen GENY qui dénonçait en son temps le fétichisme de la loi écrite et recommandait en réplique l'interprétation de cette dernière par référence à la réalité sociale qu'elle traduit.

problématique des fondements juridico-économiques du salaire diplomatique.

Dans l'ordre des fondements juridico-économiques, le salaire diplomatique, est enserré dans un cadre normatif et économique tenant lieu de matrice de rémunération des agents publics en service dans les MDC. À en croire Monsieur Joseph OWONA[179], sur la base du Statut général de la Fonction Publique, tout agent public est rémunéré en fonction du service effectué, il repose sur le principe de rémunération après service fait[180]. Celui-ci implique, entre autres, le versement d'un traitement indiciaire et éventuellement des primes et indemnités diverses[181].

En sus de cet acte réglementaire existe une panoplie de textes forts divers sur les salaires et la rémunération des agents publics en service dans les MDC. C'est dire que le cadre légal de la rémunération des agents publics est protéiforme. On observe en effet une pluralité de normes adoptées souverainement par les États sur la base desquelles on peut penser à l'existence d'un véritable dispositif normatif spécifique encadrant les salaires des personnels des MDC.

Au Cameroun, les affectations et les nominations dans les MDC ouvrent droit au salaire diplomatique. Il convient de rappeler que :

Les nominations aux différents emplois à l'extérieur relèvent de la compétence exclusive du Chef de l'État, du Premier ministre, du ministre chargé des Relations

---

[179] OWONA J., *Droit de la fonction publique camerounaise*, Paris, L'Harmattan, 2011, pp.163-164.

[180]MANI AMOUGOU L., *Le service fait en droit camerounais*, Thèse de Doctorat PhD en droit public, Université de Douala, 2022, pp.9-10.

[181] ABANE ENGOLO P-E, *Traité de droit administratif du Cameroun, Théorie générale et droit administratif spécial*, L'Harmattan, Éd., 2019, p.422.

extérieures et de certains Chefs de départements ministériels surtout quand il s'agit d'emplois techniques (défense, finances, culture, communication, agriculture, tourisme, etc.). Une fois nommés, les agents publics (fonctionnaires ou contractuels) relevant des autres départements ministériels sont assimilés aux diplomates et jouissent des mêmes avantages et prérogatives que les diplomates de carrière conformément au décret n° 85/1197 du 29 août 1985. Ils bénéficient alors des avantages attachés au statut de diplomate, ils sont rémunérés sur la base des dispositions du décret n° 98/220 du 14 septembre 1998 modifiant certaines dispositions du décret n° 85/1190 du 29 août 1985 fixant le régime de rémunération des personnes en service hors du Cameroun, relevant de l'autorité du ministre des Affaires étrangères.

Les modalités d'attribution de cette rémunération, le régime des congés et déplacements ainsi que les avantages particuliers attribués aux mêmes personnels sont encadrés par des actes réglementaires. L'article 8 du décret sus spécifié détermine trois zones de salaires. À cela s'ajoute l'allocation de logement des agents publics avec pour fondement juridique le décret n° 91/325 du 9 juillet 1991 fixant les conditions d'attribution et d'occupation des logements administratifs aux personnels de l'État en service auprès des missions diplomatiques et consulaires du Cameroun à l'étranger. Les personnels visés ne bénéficiant pas d'un logement administratif perçoivent une allocation mensuelle de logement non soumise à l'impôt fixée dans l'annexe dudit texte[182].

---

[182] Il est évident que l'octroi d'une telle allocation vise à atténuer les charges de l'agent public en service à l'étranger. L'attribution d'un logement à cette catégorie de personnel ne met pas en branle le dispositif juridique souvent rappelé par certains auteurs portant sur l'utilisation des logements de fonction par les agents de l'administration, car il s'agit des logements bâtis à l'étranger. Lire dans

- Les affectations à l'étranger sont organisées par le décret n° 79/383 du 20 septembre 1979 qui, en son article 3, dispose qu'en dehors des personnels de maison (maître d'hôtel, cuisinier et domestique) qui sont proposés par les chefs de mission, les autres personnels des MDC sont, suivant les dispositions budgétaires et les nécessités de service, choisis parmi les fonctionnaires et les agents de l'État relevant de l'administration centrale du MINREX.
- Les personnels administratifs et domestiques des MDC affectés sont rémunérés conformément aux dispositions du décret n° 85/1090 du 4 août 1985 fixant le barème des salaires du personnel administratif en service à l'étranger, de la première à la neuvième catégorie.

À ces éléments, essentiellement juridiques, s'ajoutent des considérations économiques. Le système de rémunération varie d'un État à un autre, certains ayant simplement opté pour une solde globale reposant sur une catégorisation par poste de travail. En droit camerounais, les pays étrangers sont divisés en quatre zones distinctes dont la répartition impacte la consistance des salaires des agents publics en service à l'étranger. Considération faite du contexte économique, la critériologie de répartition des salaires dans ces zones prend en compte : la variation en fonction du poste, la zone géographique[183] d'affectation, l'importance et le niveau de vie dans l'État d'accueil, c'est-à-dire le pouvoir d'achat et le revenu *per capita* ainsi que les spécificités des États au plan culturel.

---

ce sens AUBY J. M, BON R, AUBY J.B, *Droit administratif des biens*, Paris, Dalloz, 6e éd., 2011, p197.

[183] Article 6 du Décret n° 2000/285/PM du 12 octobre 2000 fixant les taux de l'indemnité journalière et les conditions de déplacement en mission des membres du Gouvernement et assimilés.

Cette critériologie obéit à une philosophie empreinte de pragmatisme. La logique fondamentale de l'alignement du salaire sur l'environnement économique de l'État d'accueil vise pour l'État accréditaire à rattraper le niveau de vie de celui-ci de façon à permettre à ses représentants d'y vivre de façon décente. Toutefois, les aménagements liés à l'arrimage monétaire et financier de l'État accréditant ne permettent pas souvent d'atteindre ces buts comme en témoigne l'épineuse problématique des taux de chancellerie dont les effets tardifs apparaissent après réalisation des dommages causés aux personnels des MDC.

Considéré comme un taux de change fixé par un organisme administratif en l'occurrence le ministère en charge des finances, le taux de chancellerie permet la comptabilisation des opérations en devises effectuées par les comptables publics. Autrement dit, c'est un pourcentage sur la base duquel s'établit le coût de change d'une devise par rapport à une autre. Rapporté au sujet en étude, il revient qu'en raison de son importance, ce taux ramène les sommes constitutives des salaires, bourses, etc. à une portion congrue ne permettant pas aux agents publics des MDC de s'arrimer au niveau de vie des États d'accueil. Au surplus, sa constante fluctuation s'oppose à l'attentisme des organismes en charge de son édiction. Prévue par la loi de finances, la modification des taux de chancellerie obéit à un calendrier annuel qui induit leur actualisation permanente. Au concret cependant, depuis 2017, ces taux restent figés dans l'armature juridique camerounaise à date. Toute chose qui complexifie les conditions de vie des agents publics exerçant au sein des MDC et constitue une source de tension du climat social et éventuellement de contentieux.

b. La structure et les modalités d'octroi du salaire diplomatique

L'étude de la structure du salaire diplomatique ainsi que ses modalités d'octroi ouvrent plusieurs pistes de réflexion sur les composantes, le contenu, l'adaptabilité, la modification de ce salaire ainsi que la détermination des compétences en la matière. Un discernement à propos permet de relever qu'elle renvoie à un système de rémunération [184]complexe fortement influencé par les orientations de la sphère politique qui diffèrent d'un pays à un autre. Cette hétérogénéité découle de la pléthore des statuts et situations des personnels des MDC en particulier, et de l'État en général[185]. Suivant le système de rémunération domestique appliqué par l'État, l'architecture du salaire diplomatique est basée sur des éléments de solde obligatoires et des accessoires de salaire rattachés à la situation particulière de leur bénéficiaire.

En premier lieu, on distingue d'une part les éléments de solde indiciaire qui reposent sur le grade et l'indice de l'agent public. En ce qu'ils ne se distinguent guère de la grille appliquée par l'État accréditaire pour les agents publics relevant de ses Services intérieurs, leur intérêt s'avère peu pertinent dans la présente étude.

Tel n'est pas le cas des accessoires de salaire fondés sur les réalités du lieu d'affectation. La conjonction de tous ces éléments pose la base de la structure du salaire diplomatique. En substance, le diplomate en poste à

---

[184]Le système de rémunération des MDC est axé sur les agents publics qui y exercent des fonctions. Dans cette catégorie, on recense généralement des salaires disparates perçus par les ambassadeurs, des autres responsables des MDC, les autres agents publics titulaires fonctionnaires, les agents publics contractuels sans responsabilité d'une part, et les salaires des agents recrutés sur place.

[185] Lire à ce sujet, OWONA (J.), *Droit de la fonction publique camerounaise*, Yaoundé, l'Harmattan, 2011.

l'étranger reçoit un salaire brut ou de base auquel s'additionnent éventuellement d'autres éléments que sont :

- la prime de scolarité[186] ;
- la prime d'entretien véhicule ;
- la prime de sujétion ;
- le supplément de logement[187] ;
- la prime d'assurance.

Le cas du salaire de l'Ambassadeur illustre cette architecture véritablement pyramidale. Suivant son indice de solde, il bénéficie d'un traitement brut mensuel calculé par référence à celui des hauts fonctionnaires occupant les emplois supérieurs de l'État, c'est-à-dire les responsables à solde globale. Ce traitement est complété par une indemnité de résidence et une indemnité de fonction et de représentation assortie dans certains États d'une prime d'expatriation[188].

Au demeurant, le montage financier retenu, ainsi que la procédure édictée peuvent être brièvement décris ainsi qu'il

---

[186]cf. Décret N° 82/552 du 5 novembre 1982 fixant les conditions d'intervention de l'État aux frais de scolarité des personnels en service dans les MDC. Il est à noter que cette prime prend en compte les enfants des diplomates, inscrits dans les établissements scolaires publics jusqu'au secondaire.

[187] Les informations recueillies au cours des investigations menées auprès des MDC font état de ce que le supplément de logement est dérisoire pour la plupart des personnels des MDC des pays du tiers monde. Il est même affirmé que les crédits y relatifs ainsi que ceux dédiés aux aspects de fonctionnement de ces services sont systématiquement reconduits. En conséquence, les techniques et les options magnifiées, préconisées et sublimées dans le budget programme prennent un coup d'arrêt et sont mises entre parenthèses. Elles tiennent très peu compte des choix et des contraintes des MDC.

[188]Tel est notamment le cas en France en vertu du décret n° 2002-22 du 4 janvier 2002 relatif à la situation administrative et financière des personnels des établissements d'enseignement français à l'étranger.

suit : 1- il est versé aux personnels en poste à l'étranger leur solde indiciaire imputé au budget du ministère chargé des Relations extérieures[189] ou prélevés des chapitres communs ou non ministériels et servis dans les comptes privés de ces personnels. . Les autres éléments de salaire (les primes sus évoquées) sont servis à l'Agent public en service à l'étranger par le payeur d'Ambassade ou du Consulat. Le salaire diplomatique est accordé à tous ceux qui travaillent à l'étranger et dès leur retour ou leur rappel ces personnels reviennent au régime normal ou au salaire domestique.

Théoriquement, l'intérêt d'une réflexion de cet acabit est moins justifié par l'ambition d'une identification d'un contenu doctrinal que par celle d'une maîtrise des procédures du mode opératoire en la matière et de la pratique administrative en la matière. À titre liminaire, elle est orientée vers les problématiques d'une part, de l'éligibilité au salaire diplomatique à savoir le fait générateur de son paiement, les modalités pour en bénéficier d'autre part, et celle de sa modification et de cessation. Il est donc au regard de ce qui précède que la dimension inter étatique des Finances publiques des Missions diplomatiques se manifeste même dans la rémunération et les procédures de paiement des salaires à l'Agent public diplomatique.

Relativement à l'éligibilité, il est constant que l'obtention du salaire diplomatique est subordonnée à un acte d'affectation ou de nomination à l'étranger en ce qui concerne les fonctionnaires et agents contractuels de l'État[190]. À cet élément fondamental de la procédure,

---

[189]Voir *supra*.

[190] En principe, le personnel de l'État accède à la fonction publique étatique par voie de concours ou sur titre. Seulement, les MDC peuvent également recourir aux services des personnels occasionnels et autres temporaires de l'État d'accueil sans que ces derniers ne puissent prétendre à un salaire diplomatique. Dans de telles circonstances, les

s'ajoute l'exigence d'une attestation de présence effective au poste diplomatique. Tout cela doit prendre effet avec le dépôt d'un dossier complet au MINFI[191]. Il s'évince de cet angle de réflexion un point d'ombre relatif à la monnaie de paiement du salaire diplomatique, dont il sied d'approfondir le détail pour une meilleure compréhension. Aux termes de la Convention n° 95 sur la protection du salaire de 1949 précise que « *les salaires payables en espèces seront payés exclusivement en monnaie ayant cours légal, et le paiement sous forme de billets à ordre, de bons, de coupons ou sous toute autre forme censée représenter la monnaie ayant cours légal sera interdit* »[192]. À *coherentia*, le salaire perçu par le personnel des MDC quoique libellé dans la monnaie de l'État d'origine dès son émission, est reçu dans celle de l'État d'accueil au moment de sa perception.

S'agissant de la modification du salaire, la focale est mise sur les moyens de négociation entre les partenaires à la relation de travail, les mécanismes d'augmentation ou de réduction du salaire ainsi que sur les autorités administratives et juridictionnelles compétentes en la matière.

---

contrats de travail sont fonction des dispositions légales en vigueur dans l'État d'accueil. Ils bénéficient néanmoins, pour certains, d'une exemption d'impôts et de taxes ainsi que des privilèges et immunités dans la mesure admise par l'État accréditaire. cf. article 33 de la Convention de Vienne sur les relations diplomatiques. Lire utilement OWONA J., *Droit de la fonction publique camerounaise*, Yaoundé, l'Harmattan, 2011, p.63.

[191] La composition du dossier comprend :

– une demande adressée au MINFI sous couvert du ministre chargé des Relations extérieures ;

– un bulletin de solde datant de moins de trois (3) mois ;

– une copie certifiée ou originale de l'acte d'affectation ou de nomination qui doit être signée par l'autorité compétente (PRC, MINREX).

[192] Article 3 de la Convention (n° 95) sur la protection du salaire du 1er juillet 1949.

La modification des éléments de rémunération des agents contractuels de l'État diffère manifestement de celle de son personnel fonctionnaire dans sa mise en œuvre et dans sa perception. Concrètement, en ce qu'elle améliore la situation économique du travailleur, l'augmentation du salaire est généralement accueillie favorablement par ses bénéficiaires. Inversement, sa diminution peut constituer un foyer de contentieux.

Seulement, la fonction diplomatique étant évidemment aussi des domaines de prédilection de l'État, celui-ci conserve la primeur[193] sinon le monopole de la gestion du personnel des MDC, aussi bien dans la fourniture des services de sécurité sociale que dans les relations professionnelles qu'il entretient avec lui. Toutefois, cette prépondérance est encadrée par les règles de droit social.

En théorie du droit social, la modification du contrat de travail est soumise au principe cardinal de négociation. Pour cause, la protection du salaire[194] qui découle génériquement des garanties de l'emploi inscrites au cœur du Code du travail suppose que toute modification en la matière soit préalablement négociée. À défaut, toute décision unilatérale y relative peut ouvrir la voie à une éventuelle procédure contentieuse[195], bien que le contentieux social diplomatique soit assez embryonnaire en l'état actuel du droit.

---

[193] Article 5 de la Convention (n° 95) sur la protection du salaire de 1949 « *Le salaire sera payé directement au travailleur intéressé, à moins que la législation nationale, une convention collective ou une sentence arbitrale n'en dispose autrement ou que le travailleur intéressé n'accepte un autre procédé* ».

[194] Chapitre II de la loi n° 92/007 du 14 avril 1992 portant Code du travail en République du Cameroun.

[195] Article 62 alinéa 2 de la loi précitée : « *Les catégories professionnelles et les salaires y afférents sont fixés par voie de négociation dans le cadre des conventions collectives et des accords d'établissement* ».

Sous l'angle de la politique budgétaire, si l'augmentation exagérée des salaires alourdit les charges financières de l'État en période normale, sa délicatesse n'en est que plus affirmée en contexte de crise. Toute chose qui démontre la complexité et la désarticulation de la prise en charge financière des dépenses du personnel diplomatique. En effet, elle ne permet pas au payeur d'en déterminer le volume, ni même d'en assurer une bonne remontée des données dans le cadre de l'élaboration du budget des MDC ou du compte général dans son rôle d'acteur secondaire de la confection de la loi de règlement.

La problématique de la juridiction ou de l'administration compétente pour connaitre des litiges portant sur la modification ou sur l'inexécution des clauses du contrat de travail de l'agent public exerçant dans les MDC se pose généralement avec un soubassement sécuritaire surtout en cas de menace à l'ordre public. Elle peut avoir des ramifications pouvant irradier le service public diplomatique au point d'impacter la sécurité des biens et des personnes de la MDC qui interpelle plutôt la compétence de l'État d'accueil.

Il y a lieu de préciser que les Services des MDC sont très souvent les caisses de résonance de leurs États. À ce titre, ils supportent l'impact des crises politique, économique, financière ou sociale affectant leur État d'origine. En vertu de ces conjonctures, les salaires peuvent être retardés dans leur paiement ou baissés en violation des clauses contractuelles[196]. En conséquence, certains agents

---

[196] La rémunération des agents publics relevant du Code du travail correspond à celle consacrée dans le tableau des catégories professionnelles établies dans ledit texte. Dès lors, bien qu'émanant d'un cas de force majeure, une baisse des salaires en contexte de crise est subordonnée à une modification de la loi portant code du travail.

Il est opportun de relever que l'augmentation des salaires n'obéit pas au même schéma. En effet, en ce qu'elle établit un droit favorable au

contractuels saisissent les juridictions sociales de l'État d'accueil au mépris de la compétence matérielle de l'État d'origine qui prévaut en l'espèce.

Comme relevé *supra*, la sphère d'action de l'État d'accueil se limite au maintien de l'ordre autour des services diplomatiques tel que précisé dans la Convention de Vienne sur les relations diplomatiques du 18 avril 1961 en son article 22 : « *L'État accréditaire a l'obligation spéciale de prendre toutes mesures appropriées afin d'empêcher que les locaux de la mission ne soient envahis ou endommagés, la paix de la mission troublée ou sa dignité amoindrie* ».

In fine, la perception des éléments de salaire par les agents publics des MDC se fait à la paierie de la représentation diplomatique ou consulaire au début comme à la fin des fonctions de leur bénéficiaire.

c. La fin du salaire diplomatique

Sur ce point, les angles de réflexion amènent à examiner les justifications théoriques et les modalités de la cessation du salaire diplomatique, les vecteurs de la cessation c'est-à-dire l'acte de fin du salaire diplomatique et enfin les règles de compétence qui entourent cette cessation.

Le salaire diplomatique n'est pas servi *ad vitam aeternam*. En règle générale, il prend fin avec le décès de l'agent public, sa radiation de la fonction publique ,la fin normale de son activité ou encore à la suite de l'affectation de son bénéficiaire dans les services intérieurs de l'État. Ce dernier aspect qui retiendra particulièrement notre attention témoigne de la singularité du salaire diplomatique.

---

travailleur, toute hausse du salaire par le moyen d'un acte administratif ne s'oppose pas à la hiérarchie des normes sociales.

Trois (3) mois, suivant le rappel du responsable précédemment en poste dans une représentation diplomatique par le chef de l'État ou par toute autorité compétente, le salaire de l'Agent Public précédemment en service dans les MDC est ramené au taux intérieur ou taux domestique. L'application de cette mesure peut être rendue difficile en cas de retard de la mise à disposition des frais de relève. Ce n'est donc pas la qualité de diplomate qui ouvre le bénéfice de ce salaire spécial, mais plutôt l'affectation ou la nomination à l'étranger. Au terme de son séjour à l'étranger, l'agent public en perd le bénéfice et revient au salaire normal, conformément au décret n° 85/1197 du 29 août 1985 sus évoqué.

Pour supprimer ce salaire, deux modalités réglementaires sont généralement mises en œuvre, sur la base d'une procédure se déroulant en deux temps ; l'une au niveau des services centraux et l'autre dans les services des MDC :

Au niveau central, la Direction chargée de la solde (du MINFI), en liaison avec le MINREX et le ministère de la Fonction publique, procède aux opérations d'actualisation immédiate et différée du fichier solde, puis à son assainissement. Cette tâche titanesque est permanente et elle est soutenue au plan technique par l'application SIGIPES ; elle est supervisée et contrôlée par d'autres structures.

Au niveau des services extérieurs, les représentations diplomatiques par l'entremise de la paierie ont leur partition à jouer dans ce processus. Le payeur d'Ambassade ou de consulat arrête de servir à l'agent public[197] autrefois en service dans la mission, les éléments de salaire et les avantages y rattachés trois mois après son rappel,

[197] TA, jugement n° 2015 du 3 novembre 2015, *Affaire KEBE Paul contre État du Cameroun.*

conformément au décret n° 85/1197 précité. Il en informe les services centraux du MINREX et du MINFI, qui à leur tour, s'assurent de la suppression effective du salaire diplomatique.

2. Le salaire des personnels sans matricule

De façon tout à fait incidente, la réflexion sur le salaire diplomatique induit *in fine* la question du salaire des personnels recrutés sur place. Pour l'effectuation des tâches matérielles indispensables à son fonctionnement quotidien, la représentation diplomatique recrute des personnels sur place dans l'État d'accueil. Ces derniers ne bénéficient pas pour leur rémunération, d'un matricule de solde au même titre que les agents publics de l'État accréditaire, mais d'un contrat. Tel est notamment le cas du personnel en charge des tâches d'entretien ou de sécurité.

C'est une catégorie reconnue dans la classification des agents de la fonction publique[198]. Ainsi, il n'est pas aisé, de procéder au décryptage de la situation juridique de cette catégorie de personnels appelée personnels de droit local en France. Reste alors à la présenter en insistant sur la kyrielle de problèmes qu'elle soulève tout en esquissant, chemin faisant, les solutions à même d'améliorer la situation de cette catégorie spéciale d'agents publics.

a. L'état de la question

À l'origine, l'utilisation des personnels recrutés sur place répondait à la nécessité de favoriser le fonctionnement permanent des MDC, grâce à ces personnels préposés à des tâches subalternes (de gardiennage, d'entretien des locaux, de maintenance, de transport, de dossiers). La formule a fait florès ; on a assisté

[198] OWONA J., *Droit de la fonction publique camerounaise*, Paris, l'Harmattan, 2011, 256 p.

au recrutement et au maintien de ces personnels dont le nombre a explosé, entraînant conséquemment d'énormes besoins en financement ainsi que des arriérés. Il se trouve que ces opérations ont parfois été menées sans un encadrement juridique et technique adéquat, et les MDC qui emploient ce personnel ne paient pas les cotisations sociales. Ces cas sont légion dans les MDC, plus particulièrement dans celles relevant des États du tiers-monde. Certains de ces personnels avisés ou acculés par l'inconfort, la misère et l'incertitude du paiement de leur rémunération ont souvent saisi les juridictions compétentes qui ont dû dans certains cas condamner ces États pour avoir utilisé ces personnels « au noir ». La jurisprudence interprète souvent avec souplesse certains cas pendant qu'on assiste, en même temps, à des cas de répression sévère. Plusieurs fois, il est arrivé que les juges renvoient les parties aux négociations et règlements amiables, afin de préserver l'image de marque de l'État mis en cause.

L'avènement de cette catégorie de personnels recrutés sur place fait figure d'événement dans la mesure où il s'inscrit dans une perspective de rupture avec les principes qui gouvernent habituellement la gestion des personnels dans les États et se fonde sur la législation de l'État d'accueil particulièrement en ce qui concerne la nature, les implications du contrat et les droits sociaux. L'état des lieux dressé après des recherches[199] permet de relever ce qui suit :

1° - le nombre de ces agents recrutés sur place est élevé et toujours croissant ;

2° - les agents recrutés sur place sont de plusieurs nationalités ;

3° - les agents sont presque tous sans contrat de travail ;

[199] Sources : entretiens.

4° - l'incertitude des salaires avec un stock important d'arriérés ;

5° - les cotisations sociales sont très rarement versées ;

6° - l'absence des textes encadrant la situation de ces agents ;

7° - l'existence de plusieurs procès opposant lesdits agents à leurs employeurs ;

8° - ces personnels participent effectivement au fonctionnement du service public dans les représentations diplomatiques ;

9° - l'existence de deux statuts de personnels dans les MDC ;

10° - l'application des règles de Droit du Travail et de Droit international du Travail est sélective ;

11° - la relative impunité des États.

La gestion de cette catégorie de personnel ne permet nullement de délivrer un certificat de bonne santé financière, managériale et éthique à la plupart des MDC dans le monde. Les nombreux mouvements d'humeur enregistrés dans les MDC et les grèves traduisent une forte demande de justice et de protection sociale. Les indicateurs statistiques attestent de la persistance des inégalités et de l'asymétrie entre les deux catégories de personnels en service dans les représentations diplomatiques.

Au total, il se dégage un constat de fragilité et de vulnérabilité de ces agents sans statut. Au plan juridique, plusieurs textes encadrent la gestion de ces agents, on peut citer le décret n° 77/240 du 15 juillet 1977 fixant les conditions de recrutement et le régime de rémunération des congés et de déplacement des personnels administratifs des MDC (Article 3) et le décret n° 93/577 du 15 juillet 1993, fixant les conditions d'emploi des travailleurs temporaires occasionnels ou saisonniers, les textes ainsi évoqués sont considérés comme les fondements juridiques de cette catégorie d'emploi au Cameroun. Cependant, on observe que dans les MDC, ces agents retenus pour une période n'excédant pas six (6) mois, y sont employés de façon permanente, pendant des décennies en marge des textes réglementaires de référence.

b. L'apport des institutions administratives et judiciaires

Plusieurs institutions ont souvent été mises à contribution dans le cadre des actions administratives et judiciaires portant sur les personnels recrutés sur place (services administratifs, services sociaux, juridictions…). Ainsi, ces personnels sans matricule essentiellement mécontents occupent des emplois tantôt névralgiques, tantôt subsidiaires, précaires et presque toujours mal rémunérés. Ils ont souvent saisi les juridictions pour la défense de leurs droits. En tout état de cause, les insuffisances réglementaires dans le domaine sont effectives. Elles ont été plusieurs fois mises en évidence dans les décisions judiciaires. L'exploitation de ces décisions judiciaires a permis d'établir qu'un agent recruté sur place ou localement participe directement à l'exercice du service public. Il doit être soumis aux règles de droit public. Une analyse plus fine des décisions judiciaires sur la question permet de souligner que devant les juridictions, il s'est souvent posé le problème de la preuve d'un recrutement en l'absence d'un contrat liant la représentation diplomatique à l'agent recruté sur place. Le principe de la preuve du contrat de travail par un écrit établi a été consacré et réaffirmé dans tous les systèmes de droit.

Le juge a aussi admis la preuve par des témoignages avec un faisceau d'indices et de présomptions (notamment des correspondances avec le nom du plaignant, les certificats de prise et de reprise de service, les bulletins de paie, les décisions de congés, les calendriers de permanence dans le service, les autorisations d'absence signées des responsables de la représentation diplomatique). Ces décisions judiciaires ont véritablement posé le principe de la reconnaissance de ces agents qui occupent des emplois administratifs et qui exercent en conséquence une mission de service public. Ils doivent disposer de ce fait d'un contrat et d'un statut[200].

Par conséquent, aucun texte juridique n'empêche qu'un agent recruté localement qui participe directement à l'exercice du service public soit soumis aux mêmes règles du droit public *a fortiori* lorsqu'il exerce dans les mêmes conditions, des fonctions équivalentes à celles d'un agent titulaire[201]. Dans cette veine,

- Le Conseil d'État en France reconnaît à toute personne rémunérée par l'État la qualité d'agent public, quelle que soit l'origine budgétaire des fonds, à supposer même qu'elle soit identifiable ;
- C'est donc illégalement et en toute connaissance de cause que l'administration emploie ou recrute des agents qui exercent des missions de service public sans contrat de droit privé étranger ou sans lien contractuel avec l'État.

Les organes de médiation administrative et sociale ont toujours contribué à la normalisation des situations délicates et potentiellement explosives dans les MDC. Ils désamorcent souvent les mouvements de grève dans les représentations diplomatiques. Les juridictions sont souvent saisies des contestations et des conflits entre l'État

---

[200] GAUDIN H., BLANQUET M., ANDRIANTSIMBAZOVINA J., FINES F., *Les grands arrêts de la Cour de justice de l'Union européenne*, Paris, Dalloz, 7e éd., Coll. Grands arrêts, 2014, 1003 p.

[201] Voir les arrêts : TC, 25 novembre 1963 Arrêt *Mazerand* ; TC, 25 novembre 1996, Arrêt *Berkani*, TC, arrêt 11 juillet 2002 Dupuis et TC, 12 février 2002, *Brizeau*.

utilisateur et les agents recrutés sur place lorsque les parties n'ont pas pu s'entendre ou lorsqu'elles n'ont pas pu trouver d'accord. Avant de décider, le juge s'entoure de toutes les précautions, il auditionne les organes de médiation, il tient aussi compte des propositions contenues dans les procès-verbaux dressés par tous les organes chargés du contentieux non juridictionnel[202]. Ces organes administratifs, particulièrement les inspections du travail, ont presque toujours contribué à la normalisation des situations des MDC en cas de crise. Pour l'essentiel, ce contentieux se fonde

- l'absence de contrat ;
- le défaut de garanties ;
- les retards dans le paiement des salaires ;
- le non-reversement par l'employeur des cotisations sociales ;
- le niveau dérisoire des salaires ;
- le lent aboutissement du paiement régularisé des cotisations sociales ;

Pour régler les problèmes émanant d'un système souffrant de maintes faiblesses et limites sur le plan du droit, le juge a toujours conçu et appliqué le principe protecteur de cette catégorie de personnels en précisant que tout agent recruté pour un emploi administratif à l'étranger doit bénéficier d'un contrat de droit public conforme aux statuts des agents contractuels ou décisionnaires[203]. Dans cette veine, tout agent recruté pour un emploi concourant à l'exercice d'une mission de service public doit pouvoir bénéficier d'un contrat de travail conforme à la législation

[202] Article 132 et 161 de la loi n° 2006/015 du 29 décembre 2009.
[203] MEKALA MEKALA M., *Le droit à la protection des agents publics en droit de la fonction publique camerounaise*, Thèse PhD, Université de Yaoundé II Soa, 2022, pp.124-127.

locale et il devrait en outre bénéficier de l'application des dispositions du droit du travail local dans leur intégralité.

L'article 34-V de la loi n° 2000-321 du 12 avril 2000 en France synthétise mieux l'encadrement juridique souhaité ou attendu par ces personnels : « *lorsque les nécessités de service le justifient, les services de l'État à l'étranger peuvent dans le respect des conventions internationales du Travail, faire appel à des personnels contractuels recrutés sur place, sur des contrats de Travail soumis au droit local pour exercer des fonctions concourant au fonctionnement desdits services* ».

Les salaires servis à cette catégorie de personnels « temporaires » reposent sur des critères non encadrés, le montant ainsi que la structure de ces salaires varient d'un État à l'autre. Il s'agit essentiellement d'un montant global qui ne tient pas compte des éléments de salaire évoqués dans les pages précédentes (grade, scolarité, indice, éloignement, risque, expatriation, assurance, logement, supplément familial)[204].

En tout état de cause, l'absence d'un encadrement juridique adéquat de cette catégorie de personnel interpelle en ce qu'elle écorne l'image de certains États souvent indexés à ce sujet[205]. Il est évident que l'un des fondements

---

[204] La solution d'un recrutement de tous ces travailleurs a parfois été envisagée par certains États. Elle se heurte cependant à l'épineuse question de la nationalité, car dans la plupart des cas, la condition de l'appartenance à l'État utilisateur est une condition sine qua non de recrutement. Il y a aussi lieu de souligner que ces personnels utilisés temporairement préfèrent éviter le changement préalable de nationalité qui peut parfois créer d'autres difficultés.

[205] Faute de textes uniformes et véritablement adaptés à la situation de l'État, les MDC doivent s'inscrire dans une logique de protection et d'accompagnement de ces personnes à l'utilité avérée dans les services publics diplomatiques. V. TC, arrêt *du* 25 mars 1996, *BERKANI*, T. C., arrêt du 25 novembre 1963, *Dame veuve Mazerand.*

de l'étude menée sur cette catégorie de personnels s'inscrit dans une perspective de recherche d'une protection juridique et sociale.

À ces dépenses de fonctionnement se juxtaposent des dépenses d'investissement effectuées par les missions diplomatiques et consulaires.

Paragraphe II. Les dépenses d'investissement

Encore appelées dépenses en capital, cette catégorie de dépense désigne les autorisations budgétaires inscrites dans la loi des finances au titre des opérations de développement, de restructuration, intervention en investissement ou en réhabilitation des entreprises publiques. Pour autant, les MDC ne réalisent pas d'investissement en principe. Elles ne réalisent que quelques rares opérations qui s'y assimilent. Cela dit, il n'existerait pas *stricto sensu* la catégorie des dépenses d'investissement dans leurs différents budgets, au-delà de leurs interventions en matière d'accompagnement. Pour mieux comprendre le phénomène des dépenses d'investissement par voie d'accompagnement, l'on s'intéressera aux considérations générales (**A**), et aux considérations spécifiques en la matière (**B**).

A. L'appréhension générale des dépenses d'investissement des MDC

Les MDC, hormis les consulats honoraires constituent, des extensions territoriales de l'État disposant des budgets pour leur fonctionnement au quotidien. De ce fait, les dépenses d'investissement qu'elles effectuent peuvent être qualifiées de dépenses d'investissement indirect. Le caractère indirect reconnu à ces dépenses procède de la réalité selon laquelle les MDC assurent juste le trait d'union entre les administrations publiques nationales et leurs différents partenaires étrangers dans la réalisation d'un certain nombre de services, ou encore lors de l'acquisition d'importants biens d'équipement.

Les MDC bénéficient tout de même des crédits d'investissement pour la construction, l'acquisition des locaux, des résidences (de l'Ambassadeur ou de ses collaborateurs) ou de leur réhabilitation selon une procédure spécifique.

Il est à préciser que dans le processus de création d'une MDC, l'installation constitue la phase au cours de laquelle l'État déploie d'importants crédits d'investissements qu'il accompagne de fonds nécessaires à d'autres acquisitions relatives à l'amélioration ou la réhabilitation des locaux existants. Les Consulats connaissent un sort différent. Tandis que les Consulats généraux reçoivent régulièrement des crédits, les consulats honoraires ne bénéficient pas des mêmes facilités compte tenu de leur spécificité[206]. Dans le droit fil de l'analyse entamée, il est surtout question de mettre en lumière le rôle des MDC en matière de dépense d'investissement qui fait ressortir l'exceptionnalité des procédures de commande publique ayant une dimension internationale en général, et étrangère en particulier.

B. La spécificité de la commande publique dans le cadre des dépenses d'investissement des MDC

Pour rendre compte de la spécialité du régime juridique de la commande publique des MDC, il sera fait état des règles y relatives qui reposent sur un ensemble de pratiques dérogatoires au droit des marchés publics.

L'étude de la commande publique[207] dans les MDC permet de relever son caractère spécifique ou spécial. En

---

[206] Sources MINREX.

[207] Sur la notion de commande publique, lire BIAKAN J., *Droit des Marchés Publics au Cameroun : contribution à l'étude des contrats publics*, Paris, L'Harmattan, 2011, 130 p. Lire également

raison de leur éloignement et de leur installation dans les États étrangers, il s'est souvent posé la question de savoir, quel est le droit applicable aux marchés publics conclus par les MDC ? Est-ce le droit de l'État d'origine ou celui de l'État d'accueil ? Par ailleurs, les contrats établis entre les MDC et les prestataires sont-ils des contrats nationaux ou internationaux ou alors sont-ils des contrats hybrides ? Enfin, quels sont les textes qui encadrent la commande publique dans les MDC ?

La réglementation des marchés publics au Cameroun est abondante et fluctuante, car en permanente évolution. Dans cette matière qui cristallise plusieurs intérêts et mobilise une pléthore d'acteurs autour d'un texte majeur en l'occurrence le Code des Marchés publics[208]. À celui-ci se greffent d'autres normes, relatives à la commande publique, importantes[209].

En somme, ces nombreux textes qui encadrent la matière définissent clairement :

- la typologie des marchés (le bon de commande, la lettre-commande et le marché) ;
- les procédures de passation applicables (le gré à gré, l'appel d'offres, la cotation) ;
- les opérations à réaliser par délégation de service public, ou en partenariat public-privé.

MESSENGUE AVOM B., *La gouvernance des marchés publics au Cameroun*, Yaoundé, EDLK, 2013, 552 p.

[208]Décret n° 2018/366 du 20 juin 2018 portant Code des marchés publics.

[209]Il s'agit notamment de la loi n° 2006/012 du 29 décembre 2006 fixant le régime général des contrats de partenariat ; le décret n° 2005/493 du 31 décembre 2005 fixant les modalités de délégation de services publics de l'eau potable liquide en milieu urbain et périurbain ; le décret n° 2018/0001/PM du 15 janvier 2018 relatif à la dématérialisation des procédures de passation des contrats publics.

Ce dispositif énumère également les principaux acteurs des marchés publics, il en précise les seuils, les conditions de régulation et d'opérationnalisation technique du processus (MINMAP, ARMP, les Commissions de passation et de contrôle). Au regard de ce qui précède, force est de constater que la commande publique bénéficie d'un encadrement juridique dense.

Cette présentation du système camerounais des marchés publics n'épuise pas l'analyse des difficultés soulevées par la commande publique des MDC. D'une manière générale, le régime de la commande publique des MDC les rapproche des marchés spéciaux. En effet, la pléiade de textes sus évoqués ne renseigne qu'approximativement sur la spécialité des MDC tant elle se greffe sur la singularité des pays d'accueil. Par ailleurs, il n'existe pas à date, un Code des marchés publics internationaux. L'exploitation croisée de la législation sur la commande publique de la plupart des États africains montre des disparités significatives entre elles et traduit la minoration de la matière et conséquemment son évocation minimaliste à titre d'appendice.

En réalité, le processus de passation des marchés dans les MDC se déroule par à-coups et est loin d'être maîtrisé[210]. Cet état des lieux convie à un approfondissement des opérations généralement menées dans ce cadre. Dans ce sens, la commande publique des MDC inclut les étapes spécifiques suivantes :

- La présentation d'un dossier administratif à la Présidence de la République (ou au Royaume selon les cas) par le Chef de la MDC. Celui-ci contient :

---

210 Source : entretiens.

- les éléments de maturité, le dossier technique avec plans, APD, APS, le montant du financement sollicité ;
- la proposition des entreprises présélectionnées pour le projet ;

Après l'obtention de l'accord de la Présidence de la République (ou du Roi), le dossier est transmis au ministère chargé des finances pour la prise en charge.

Il s'ensuit dès lors la signature du contrat de marché par le Chef de la MDC d'une part et par le cocontractant de l'État (ou mieux de la MDC), d'autre part. Cette signature engage la MDC sous un régime articulé autour de règles de compétence et de forme non identiques à celles contenues dans le code des marchés publics.

Ce contrat de marché, non examiné par une commission de passation de marchés est notifié au cocontractant de la mission qui exécute les travaux sous une surveillance et un contrôle très peu relevé au double plan technique et administratif. Après réalisation des travaux, objet du marché, s'enclenche la phase de sa réception. En l'absence d'un encadrement juridique adéquat, la formule couramment utilisée est celle de la mise en place d'une commission de réception *ad hoc* ainsi qu'il suit :

- Président : un représentant de la Présidence de la République (ou du Roi) ;
- Membres : les représentants des départements ministériels en charge des relations extérieures, des finances, de l'économie, des domaines et de la structure chargée de la recherche extérieure.
- Rapporteur : un responsable financier de la MDC.

Comme précédemment souligné, les acteurs budgétaires émanent des MDC ou proviennent des services internes de l'État. Cette composition des organes de réception est à la base dans certains cas (réception de véhicule, matériel informatique, surveillance des locaux), d'un déficit de technicité du fait de l'absence de techniciens spécialisés dans les domaines concernés. Toute chose qui impacte négativement la bonne qualité des matériels réceptionnés dans de telles circonstances. À titre d'exemple, en l'absence du personnel technique des BTP dans ces Services extérieurs de l'État, le suivi technique au quotidien des chantiers de construction ou de réfection s'avère difficile, en raison du déficit d'expertise du personnel du corps diplomatique en la matière. L'exécution personnelle du marché n'est donc pas aisée à suivre au quotidien. La sous-traitance soulève d'autres problèmes liés notamment au droit applicable en cette matière délicate, particulièrement quand il s'agit d'une opération réalisée à l'extérieur et attribuée à un sous-traitant de droit étranger.

Pour achever la présentation de la procédure sus décrite, le marché doit faire l'objet d'un paiement après sa réception. Ici surviennent des écueils typiquement propres aux MDC. Indistinctement, les problématiques soulevées par la phase de paiement dans les MDC font parfois état de l'opacité ou des précisions quant à la monnaie de paiement du marché. Avec la même acuité, la question du mode de paiement par échéance (par avance de démarrage et décomptes échelonnés) ou par paiement unique (en début ou à la fin de la prestation). Lorsqu'ils ne font pas l'objet d'une spécification précise dans le cadre des arrangements contractuels entre les parties, ces questions peuvent donner lieu au contentieux de la commande publique dans les MDC.

La réflexion menée permet d'affirmer que la procédure de passation des marchés des MDC est une procédure essentiellement négociée. Outre la question de la qualification juridique, elle met en exergue la pluralité des règles, des procédures et des acteurs. Elle permet à l'État de faire face aux urgences ultérieures, d'assurer le fonctionnement de ses services, de construire ou d'entretenir ses locaux. C'est le droit de l'État d'origine qui est mobilisé. Toutefois, il s'est souvent posé le problème de l'application des règles de la commande publique et celui de leur réception dans ces services installés à l'étranger et qui ont pour cela beaucoup de handicaps. Il s'agit généralement, du choix limité des prestataires, de la laborieuse procédure de publicité, des difficultés de paiement, de l'absence d'une commission de passation des marchés[211]. À cet égard, le contentieux relatif à ces procédures excentrées est compliqué parce qu'il se déploie généralement dans des juridictions qui sont étrangères aux procédures de l'État d'origine. Il est parfois soulevé la question de la juridiction compétente qui est très souvent désignée dans le contrat de marché au-delà du problème de qualification juridique du contrat.

Le problème de la qualification juridique, de l'identification et de la détermination du contrat de marché des MDC s'est souvent posé. Ce contrat est-il considéré comme un contrat international[212], ou comme un contrat interne ou domestique ? La loi applicable est-elle celle du pays d'accueil ou les textes internationaux y sont-ils appliqués ? À l'analyse, on se rend compte que la plupart des contrats de marchés dans les MDC ont bien des éléments d'extranéité :

- la nationalité du prestataire (étranger) ;
- le lieu d'exécution du contrat ;
- le droit applicable (étranger à l'une des parties) ;

---

[211]BONTRON M.- C., *Les fonctions des principes fondamentaux de la commande publique*, Thèse de doctorat en droit, Université de Montpellier, 2015, 626 p.
[212] CHANTILLON S., *Le contrat international*, Paris, Vuibert, 2006, pp. 1-9.

- la juridiction compétente (généralement la juridiction de proximité).

Si la mission choisit un prestataire ressortissant de l'État qu'elle représente, il n'y a pas de contrat international[213]. La clause d'attribution de compétence ou clause compromissoire détermine la juridiction chargée du règlement des litiges, mais les parties s'efforçant toujours d'obtenir le règlement des litiges par un juge de proximité relativement à leurs intérêts.

Au regard des arguments développés, on peut affirmer que ces contrats de marchés dans les MDC sont hybrides, car très souvent ils contiennent à la fois des éléments d'extranéité et des clauses propres aux droits nationaux. Au total, il existe une complétude entre ces deux systèmes de droit qui s'imbriquent et se nourrissent mutuellement. La pratique permet d'observer qu'il n'existe pas un code international des marchés publics ; ce qui complique ces contrats tant dans leur formation que dans leur exécution, ainsi que dans le contentieux s'y rattachant. Il se pose le problème de la loi applicable et qui pourrait souvent combler les lacunes de la norme internationale en vigueur. Les parties au contrat international ou même au contrat de marché dans une représentation diplomatique ont le plus grand intérêt à déterminer quelle est la loi applicable au contrat et à désigner le juge compétent, en cas de litige. Ce choix leur évite à coup sûr, les surprises éventuelles résultant de l'imprécision des lois, des règles de conflits et du choix des juridictions.

Les codes des marchés publics de la plupart des États font de la commande publique des MDC, des marchés de souveraineté ou des marchés spéciaux dont les règles et le contenu ont été présentés de manière très résiduelle dans les

---

213 AUBERT J.L., DUTILLEUL F., *Le contrat,* Paris, Dalloz, 2010, 133 p.

codes des marchés publics desdits États. En cas de contentieux, cette nature juridique hybride rejaillit, on observe alors :

- une application sélective des règles contenues dans les codes des marchés publics internes des États ;
- une application à la carte du droit international privé dans le règlement des différends nés entre la MDC et le prestataire ;
- une utilisation quasi permanente de la langue déterminée dans le contrat, est généralement celle du pays d'accueil et rarement celle du pays dont relève la MDC[214].
- Une application de la loi du FOR ou « *lege fore* » qui consacre le principe de la compétence du juge du lieu de conclusion du marché, c'est-à-dire l'acte qui donne accès au prestataire[215]. Il est donc évident qu'en matière de contrat de marché national ou international, les critères de la compétence du juge sont alternatifs ;
- le premier critère est celui du lieu de l'exécution du contrat ;
- le deuxième critère est le lieu fixé par les parties elles-mêmes dans le contrat ;
- le troisième critère est celui de la recherche dans la loi du FOR[216]

---

[214] CHANTILLY S., *Le contrat international*, *op. cit.*, p.82.

[215] Forum (*Lex fori*), le lexique des termes juridiques précise que ce mot désigne un tribunal et par extension, sa compétence. Voir GUINCHARD S., DEBART T., Lexiques des termes juridiques, Paris, Dalloz, 22e éd., 2019, p. 472.

[216] L'état des lieux confirme aussi l'existence des marchés publics dans les MDC qui n'obéissent pas aux règles habituelles. Les cas de résiliation enregistrés portent sur les fautes commises par l'entrepreneur. Ils s'appuient sur :

À l'observation, la commande publique des MDC pose plusieurs problèmes qui évoquent à la fois les conflits de lois[217] entre droit public de l'État accréditaire et droit privé de l'État hôte, ainsi que les conflits de juridiction (relativement à la juridiction compétente pour trancher un litige international concernant entre les missions consulaires plus compétentes en matière commerciale que les missions diplomatiques). Ceux-ci se posent en termes d'existence des règles de compétence directe ou indirecte généralement résolues au moyen de la loi du FOR lorsqu'il n'existe pas de convention d'arbitrage[218]. Le règlement des litiges soumis au juge (du for) géographiquement proches des parties peut conduire à l'application de la loi étrangère. Le juge du for a la faculté de le faire. Il est possible de la combiner avec une ou plusieurs lois, les problèmes de compatibilité peuvent imposer la mise en œuvre des mécanismes d'adaptation ou de substitution. Il est donc établi que l'alignement au régime procédural de la loi étrangère n'est pas automatique[219]. Avec une accentuation certaine due à la dématérialisation des procédures et

---

- le refus de déférer aux ordres de service ;
- les retards dans l'exécution des travaux
- l'interruption injustifiée des travaux ;
- l'incapacité (incompétence) de l'entrepreneur à faire face à ses obligations ;
- la sous-traitance totale de marché.

Lire dans ce sens l'Arrêt, patino, Cass.civ, 15 mai 1963, l'Arrêt SC Heffel, Cass Civ, 30 octobre 1962, l'Arrêt ORILLAC, du 19 novembre 1985.

[217] Lire dans ce sens BANAMBA B., *Les conflits de droits et de lois dans le système juridique camerounais (droit des personnes et de la famille)*, Thèse de Doctorat, Université de Paris II, 1993, 805 p.

[218]Cour Cass., 12 mai 1959, arrêt *Bisbal.,* Civ. Cass, 11 juillet 1961, Arrêt *Bertoncini.*

[219] Arrêt Cass. Civ, 25 mai 1948, *Lautour* ; Civ 24 janvier 1984, *Thinet,* Civ. 24 novembre 1998, *Lavazza* ; Civ, 3 janvier 1980, *Bendeddouche.*

l'instauration récente du *e-procurement* reposant sur la numérisation des supports, l'adaptation à ce nouvel environnement est impérieuse.

En réalité, les développements qui précèdent confirment la complexité et les difficultés notables de la parturition d'un véritable droit de la commande publique dans les MDC. Dans l'attente de l'ouverture du chantier de sa systématisation, les services chargés de la préparation, de l'exécution, du suivi, du contrôle et du contentieux de cette commande publique doivent faire preuve de compétence et de vigilance, car certaines de ces opérations peuvent déboucher sur des litiges qui obèrent profondément les finances de l'État dont relèvent les MDC.

La dépense publique est un mécanisme à travers lequel l'on atteint ses objectifs. Il s'agit plus précisément d'un moyen d'intervention de l'État. En clair, autant les dépenses de fonctionnement y interviennent, autant les dépenses d'investissement en sont concernées.

Conclusion du chapitre

La réalisation des opérations financières conditionne la vie et détermine le futur d'une institution, quelle qu'elle soit. Rattachées à l'État, les MDC se meuvent dans l'environnement juridique et économique diplomatique à partir des moyens que lui consacre l'État. Ceux-ci sont traditionnellement articulés selon la nomenclature budgétaire, en recettes et en dépenses sans pour autant s'inscrire dans la logique classique.

Le budget des MDC conforte la thèse de la singularité des finances publiques de ces institutions. Dénuées de tout pouvoir fiscal, leurs marges de captation et de production de recettes fiscales s'en trouvent limitées. L'essentiel de leurs ressources émane alors des recettes non fiscales qu'elles tirent pour partie des revenus locatifs. Par contraste, leurs dépenses s'assimilent en majeure partie à celles des services domestiques de l'État, bien que les disparités apparaissent sur ce plan comme en témoigne la question du salaire diplomatique. Une telle dissemblance dans la consistance et la structuration du budget des MDC et celles des institutions domestiques de l'État suscite nécessairement, dans la démarche heuristique entamée, la spécificité de ses canons d'élaboration.

CONCLUSION DE LA PREMIÈRE PARTIE

L'entreprise scientifique visant la maîtrise de l'architecture budgétaire et financière des MDC révèle qu'à l'instar de la plupart des entités publiques, le budget des MDC est constitué des ressources dites fiscales et non fiscales. Celles-ci s'avèrent limitées, quoique variées et spécifiques. Sous ce rapport, l'élaboration du budget y relatif est foncièrement tributaire de l'environnement dans lequel elles évoluent. Dans ce sens, la préparation puis l'adoption du budget subséquent mobilisent les compétences tant des acteurs des étatiques internes que les responsables des MDC qui interviennent en la matière en fonction de leurs attributions.

Dans cette perspective, le gouvernement et l'administration jouent un rôle primordial. Manifestement, l'élaboration du budget, plus précisément sa phase préparatoire est une tâche essentielle et presque exclusive des structures du pouvoir exécutif. Sous l'autorité du Président de la République et la coordination du Premier ministre, le ministre des Finances prépare la loi de finances. Ce dernier s'appuie sur les ministères sectoriels et dans le cas d'espèce sur le ministère des Relations extérieures, chargé de la coordination des activités des services extérieurs de l'État. Sans aucun doute, le rôle prépondérant de ces hautes autorités administratives dans la procédure préparatoire témoigne de l'étroite filiation entre la politique intérieure et celle extérieure de l'État.

Ce lien insécable enserre également l'institution parlementaire au cours de cette étape tant son rôle dans la phase d'adoption s'avère indispensable. Dans cette veine, la procédure législative qui aboutit à la promulgation en passant par l'adoption poursuit une finalité opérationnelle. C'est celle de l'autorisation législative de l'exécution du budget, en vue de sa matérialisation.

PARTIE II

L'OPÉRATIONNALISATION DU BUDGET DES MISSIONS DIPLOMATIQUES ET CONSULAIRES

Par contraste à la phase théorique de préparation, la matérialisation du budget s'entend de la dimension pratique et opérationnelle du processus budgétaire. La logique d'étape a dès lors pour nervure centrale la phase d'exécution des dépenses et des recettes qui implique nécessairement la mobilisation des moyens de vérification. À ce propos, le contrôle exercé *a priori* ou *a posteriori*, apparaît comme une donnée consubstantielle à la gestion budgétaire et davantage des affaires publiques[220]. Il est indiqué par conséquent, dans l'approche entamée, de s'intéresser à l'exécution du budget des MDC d'une part (**Chapitre I**) et à son contrôle (**Chapitre II**), d'autre part.

---

[220] Art. 14 de la Déclaration des Droits de l'Homme et du Citoyen. Il dispose en substance : « Tous *les citoyens ont le droit de constater, par eux-mêmes ou par leurs représentants, la nécessité de la contribution publique, de la consentir librement, d'en suivre l'emploi, et d'en déterminer la quotité, l'assiette, le recouvrement et la durée* ».

CHAPITRE I

L'EXÉCUTION DU BUDGET DES MISSIONS DIPLOMATIQUES ET CONSULAIRES

Passée l'étape de l'adoption, le budget des MDC s'intègre naturellement dans le cadre du budget général de l'État dont il est partie intégrante. Dès lors, s'ouvre aussitôt la phase primordiale de son exécution. Celle-ci consiste en la mise en œuvre du budget et globalement en l'application effective de la loi de finances à l'échelon des MDC[221].

Plus simplement, l'exécution correspond à la phase du processus budgétaire au cours de laquelle les MDC implémentent la loi de finances. Concrètement, cela se traduit par la réception des ressources légalement autorisées et affectées à leurs besoins quotidiens le long de l'exercice budgétaire et l'exécution des dépenses correspondantes. L'exécution obéit à des règles formelles et substantielles qui doivent rigoureusement être observées. Bien au-delà de ces règles, le droit public financier dépasse cet aspect lié à l'édiction des règles à observer, pour envisager les mécanismes devant garantir cette observance. C'est l'ensemble de ces règles et mécanismes qui fournissent de la matière à la présente articulation orientée au cadre (**Section I**) et à la procédure d'exécution (**Section II**).

---

[221] Voir GUESSELE L. -P., *Cours de droit de la comptabilité publique*, Licence III, Université de Yaoundé II, année 2021, inédit.

Section I : le cadre d'exécution

Le cadre d'exécution du budget des personnes publiques a subi de profondes mutations. Elles sont justifiées à notre sens, par l'irradiation déjà soulignée de la nouvelle gouvernance financière publique[222] et davantage par l'émergence de nouvelles exigences exprimées par le citoyen. Cette nouvelle philosophie contribue à une reconsidération des fondements non seulement de l'État, mais du management des personnes publiques[223]. Sous ce rapport, la gestion financière au sein des MDC se trouve spécifiquement affectée par lesdits changements aussi bien au niveau de ses acteurs (**Paragraphe I**) que des règles d'exécution y afférentes (**Paragraphe II**).

Paragraphe I. L'iconoclasme des acteurs de la chaine budgétaire

Les opérations liées aux finances publiques des MDC doivent s'effectuer suivant les règles qui encadrent l'exécution des recettes et des dépenses en droit des finances publiques de l'État. Cette exécution repose sur le respect d'un certain nombre de principes[224]. Au rang de ces derniers, figure le principe de la séparation des fonctions d'ordonnateur et de comptable public communautarisé par

---

[222]BARILARI A., BOUVIER M., *La LOLF et la nouvelle gouvernance financière de l'État,* Paris, L.G.D.J, 3ᵉéd., Coll. système, 2010, 261 p.
[223]BOUVIER M., « Inventer une nouvelle gouvernance financière publique : fonder l'État du XXIe siècle », *R.F.F.P,* éditorial, spécial n° 100, novembre 2007, pp. 3 – 5. Au sujet de l'impact de la nouvelle gouvernance financière publique, voir aussi BOUVIER M., « Pour une nouvelle gouvernance financière : Repenser et reconstruire les finances publiques de demain », *R.F.F.P,* n° 87, septembre 2004, pp. 293 – 305.
[224]ALBERT J. – L., « Les principes en droit financier », *in*, CAUDAL S. (dir.), *Les principes en droit*, Paris, Economica, 2008, pp. 221 – 232. Voir GILLES W., *Les principes budgétaires et comptables publics*, Paris, L.G.D.J, coll., systèmes, 2009, 248 p.

la directive n° 01/11-UEAC-190-CM-22 du 19 décembre 2011 relative aux Lois de Finances. Celle-ci dispose que : « *les fonctions d'ordonnateur et celles de comptable public sont incompatibles* »[225]. Le principe de la séparation des fonctions d'ordonnateur et de comptable public qui distingue l'ordonnateur du comptable est le socle sur lequel repose une organisation rationnelle, transparente et efficace des tâches.

Sous le bénéfice de l'incontestable caution managériale propre à ce principe dans la gestion des finances se soulève la nécessité de présenter les acteurs qui y sont impliqués, en ce qui concerne les finances publiques des MDC. À ce propos, la pluralité d'ordonnateurs des MDC (**A**) sera examinée avant les comptables desdites missions (**B**).

A. La pluralité des ordonnateurs dans les MDC

L'ordonnateur est un acteur essentiel, voire emblématique, de l'édifice financier public[226]. Il ne s'agit pas d'un acteur unique et clairement identifié, mais d'un ensemble hétérogène d'autorités politiques ou administratives[227]. Sur ces entrefaites, l'on s'accorde à reconnaître qu'un ordonnateur est une autorité qui, après avoir veillé à ce que les moyens mis à sa disposition dans le cadre de l'adoption du budget soient harmonieusement utilisés, donne des ordres à un comptable public[228]. Il s'agit de toute personne[229] ayant qualité au nom de l'État ou des

---

[225] Art. 62.

[226] THEBAULT S., *L'ordonnateur en droit public financier*, Paris, LGDJ, 2007, p. 1.

[227] *Ibid.*

[228] ZE M. -P., *Éléments de droit* public, Douala, PUL, 1re éd., 2006, p. 159.

[229] V article 6 directive n° 02/08-UEAC-190-CM-17 du 20 juin 2008 sur la comptabilité publique ; V. art. 65 de la loi n° 2018/012 du 11 juillet 2018 portant régime financier de l'État et des entités publiques.

autres entités publiques, pour instruire l'exécution des recettes et des dépenses inscrites au budget de l'État[230].

Dans le nouveau cadre de gestion des finances publiques, le droit posé camerounais consacre une catégorisation des ordonnateurs sur la base d'une typologie ternaire organisée autour des ordonnateurs principaux[231], des ordonnateurs secondaires[232] et des ordonnateurs

---

[230] Dans le même ordre d'idées, le Professeur Michel BOUVIER définit l'ordonnateur comme un agent d'autorité élu ou nommé qui, placé à la tête d'une entité publique comme un ministère, une collectivité, un établissement public ou un service, est amené à exercer, en plus de ses fonctions administratives principales, des attributions financières en recettes et en dépenses qui en sont l'accessoire. L'ordonnateur est également une qualité, car celle-ci est la condition juridique nécessaire pour déclencher les ordres de paiement ou d'encaissement à un comptable public. Lire utilement BOUVIER M., « Préface », in THEBAULT S., *L'ordonnateur en droit public financier*, Paris, LGDJ, Collection Bibliothèque, Finances publiques et fiscalité 2007.
Dans la même veine, la Professeure Stéphanie DAMAREY affirmera qu'est qualifié d'ordonnateur, toute personne ayant qualité, au nom de l'État, d'une collectivité ou d'un établissement public, pour contracter, constater ou liquider une créance, une dette ou encore pour ordonner soit le recouvrement d'une créance, soit le paiement d'une dette. Lire également DAMAREY S., *L'essentiel des Finances publiques*, Paris, Gualino, 8e éd., 2020, p.127.

[231]En matière de recettes, le ministre des Finances est l'ordonnateur principal unique de l'État. Il peut déléguer ce pouvoir aux autres chefs des départements ministériels ou assimilés et aux autres agents de l'administration fiscale. En matière de dépenses, celui-ci partage les fonctions d'ordonnateur principal avec les chefs des départements ministériels ou assimilés et les hautes autorités des institutions constitutionnelles. L'ordonnateur principal est d'office accrédité sur l'ensemble des lignes budgétaires de sa structure.

[232]Les ordonnateurs secondaires, que l'on retrouve exclusivement en matière de dépense, sont ceux des responsables des services déconcentrés de l'État qui reçoivent les autorisations de dépenses des ordonnateurs principaux. Leurs accréditations sont données par les chefs des circonscriptions administratives territorialement compétents. À la lecture des différentes circulaires portant exécution de la loi de finances, ces derniers sont tenus de déposer dans les services financiers

délégués[233]. Quoique salutaire, cette *summa divisio* met difficilement en exergue la réalité de la fonction d'ordonnateur dans les MDC. Pour cette raison, une logique différente lui sera préférée qui rend mieux compte de la spécificité MDC en la matière.

1. La classification particulière des ordonnateurs

La classification envisagée tend à différencier les acteurs des finances publiques des MDC, ainsi qu'à mieux identifier les ordonnateurs des MDC sous l'angle de leurs compétences particulières (a) et sous l'angle de leurs modalités d'intervention (b).

a. La classification par le critère de compétence

Selon le critère de compétence, les ordonnateurs des MDC peuvent d'abord être classés en ordonnateurs principaux et ordonnateurs secondaires. Conforme à la logique du régime financier de l'État[234], ce critère consacre le ministre des Relations extérieures comme ordonnateur principal des MDC. En sa qualité de chef de département ministériel[235], il intervient directement dans la gestion du

---

et comptables, dès l'ouverture de l'exercice budgétaire, les spécimens de signature et les matricules des ordonnateurs secondaires désignés pour chacune des lignes budgétaires intéressant le département ou l'organisme concerné dans un délai bien défini avant le début de l'exécution du budget.

[233]Les ordonnateurs délégués sont des responsables désignés par les ordonnateurs principaux ou secondaires pour des matières expressément définies. Leurs accréditations sont données par les chefs des départements ministériels ou les responsables d'organisme bénéficiant des subventions ou contributions de l'État ou des collectivités territoriales décentralisées.

[233] cf. Article 14 (c).

[234] Article 66 du régime financier de l'État.

[235] Article 66 (2) du régime financier de l'État.

budget de l'État alloué aux MDC. Parallèlement, ce positionnement permet d'établir les organes des MDC comme des ordonnateurs secondaires c'est-à-dire des responsables des Services déconcentrés de l'État qui reçoivent des autorisations de dépenses des ordonnateurs principaux[236]. Ils revêtent également sur la base d'actes administratifs des ordonnateurs principaux, une délégation de gestion du budget et sont à ce titre des ordonnateurs délégués.

À ce niveau, il apparaît que la compétence des MDC est alignée sur leur seuil d'intervention médiate ou immédiate dans la gestion des crédits. Une grille de lecture identique s'applique à certaines administrations publiques gestionnaires de crédits à l'instar de la Présidence de la République, des établissements publics ou encore des CTD. Les responsables de ces services publics sont gestionnaires des crédits, n'agissent qu'indirectement pour assurer leurs dépenses effectuées dans le cadre des missions diplomatiques et consulaires.

En tout état de cause, le qualificatif indirect attaché à cette catégorie d'ordonnateurs se justifie par le fait que ces organes ne prennent pas directement des actes de nature à assurer la gestion financière de la mission diplomatique. *In concreto*, ils sont chargés :

- de déléguer les crédits aux ordonnateurs directs ;
- d'indiquer l'affectation des crédits envoyés, le montant, l'exercice de rattachement et les modalités d'utilisation de ces crédits ;
- de désigner et d'indiquer le gestionnaire de crédit.

[236] Article 66 (3) du régime financier de l'État.

Au regard des prérogatives sus énumérées, on peut penser que les ordonnateurs indirects sont les principales autorités en charge des questions financières des MDC. Il faut souligner dans cette veine, que les ordonnateurs principaux jouent en réalité un rôle d'ordonnateurs indirects tandis que les ordonnateurs secondaires et délégués que sont les chefs des missions diplomatiques et assimilés, les envoyés et ministres seraient des ordonnateurs directs.

De ce qui précède, la spécificité de la qualité d'ordonnateur dans les MDC émerge de ce que :

- les ordonnateurs indirects sont des ordonnateurs principaux ;
- les prérogatives, somme toute, exorbitantes des ordonnateurs indirects sont déléguées aux ordonnateurs directs ;
- l'ordonnateur indirect joue un rôle de second ordre dans le domaine des finances des MDC ;
- les ordonnateurs indirects sont des supérieurs hiérarchiques ou se situent à une échelle hiérarchique supérieure par rapport aux ordonnateurs directs.

La fonction d'ordonnateur secondaire incombe nécessairement au chef de la MDC. En sa qualité d'autorité supérieure de la mission diplomatique, il représente et veille sur les intérêts de l'État à l'étranger. Pour ce faire, il est établi un contact direct avec les autorités de l'État d'accueil afin de mener des négociations en vue d'entretenir des relations pacifiques pour le compte de l'État accréditant. Conformément à la convention de Vienne de 1961 sur les relations diplomatiques[237], il est possible de distinguer parmi les ordonnateurs directs : les ambassadeurs ou nonces apostoliques, les envoyés ministres ou internonces. La distinction est dès lors fondée sur une critériologie organique et matérielle. Le premier critère de nature organique se base sur une gradation des organes suscités dans la hiérarchie des autorités des MDC, tandis que le second s'intéresse aux attributions desdites autorités.

Au plan organique, une gradation existe aussi entre les autorités des MDC qui évince toute idée de nivellement de leurs rôles. Pour la première catégorie suscitée, à savoir les ambassadeurs et nonces apostoliques, ils sont accrédités auprès des Chefs d'État et des autres chefs de missions ayant un rang équivalent. Il s'agit de deux autorités respectivement politiques et religieuses[238]. Au faîte de leurs structures, ils endossent en vertu de leurs positions un statut d'ordonnateur direct de la MDC[239].

Matériellement, la reconnaissance de ce statut au bénéfice du Chef de la MDC, lui vaut d'être établi comme ordonnateur principal des crédits que les Services centraux délèguent à la structure dont il a la charge. Les prérogatives que lui confère le statut sus-évoqué l'amènent à effectuer toutes les opérations des recettes et de dépenses autorisées par la loi des finances. Ainsi, peut-il procéder à l'engagement et à l'ordonnancement des dépenses de la mission. De la même manière, il gère les crédits budgétaires alloués aux représentations permanentes du Cameroun auprès de certaines organisations internationales. C'est dire

---

[238]Il s'agit de deux autorités respectivement politique et religieuse. En sus, une nature politique peut être reconnue au nonce apostolique. Dans la mesure où le Vatican est un État et les négociations que ses représentants sont appelés à mener à l'étranger peuvent aussi être de nature non religieuse. Voir JOUBERT B., « La diplomatie du Saint-Siège », *Pouvoirs*, n° 162, février 2017, pp. 47-61. Lire également SENEZE N., « Le trésor du Vatican », *Pouvoirs*, n° 162, février 2017, pp. 63-73.

[239]Loi n° 2018/012 du 11 juillet 2018 portant régime financier de l'État.

que ses compétences peuvent aller au-delà de la mission diplomatique qu'il dirige.

La seconde catégorie, quant à elle, est constituée en l'occurrence des envoyés, des ministres ou internonces et des chargés d'affaires[240] qui reçoivent leurs accréditations auprès des chefs d'État à l'instar des ambassadeurs ou nonces apostoliques. Toutefois, leur position dans la hiérarchie des autorités des MDC peut néanmoins se justifier par le critère de la spécialisation. Les ambassadeurs exercent spécifiquement la fonction de représentation de l'État à l'étranger, par opposition aux ministres qui ne l'exercent qu'à titre secondaire. Les internonces sont, quant à eux, des prélats qui exercent la fonction de nonce dans les pays où il n'y en a pas. Ils sont donc situés à une échelle inférieure aux nonces. Ils demeurent dans une situation précaire, puisque pouvant être remplacés ou élevés en nonces.

Les chargés d'affaires sont, en ce qui les concerne, accrédités auprès des ministres des Affaires étrangères. Dans la hiérarchie des autorités des MDC, cette classe est inférieure à la précédente dans la mesure où les organes visés sont appelés à entretenir des relations avec les autorités intermédiaires de l'État d'accueil. Toute chose qui suppose que les affaires qui relèvent de leurs compétences sont relativement moins importantes que celles confiées aux ambassadeurs, aux nonces apostoliques, aux envoyés, aux ministres et aux internonces.

Cette catégorie qui recouvre les envoyés, les ministres ou les internonces apostoliques et les chargés d'affaires est également dotée des pouvoirs de gestionnaires de crédits. Ladite catégorie est moins importante comparativement à celle des ambassadeurs et des nonces. Ceux relevant de

---

[240] Article 14, Convention de Vienne de 1961 sur les relations diplomatiques.

cette catégorie présentée peuvent à cet effet, procéder à l'engagement, à la liquidation et à l'ordonnancement et à la gestion des crédits budgétaires affectés à leurs activités sur la scène internationale.

En définitive, les chefs des MDC à travers les différentes catégories sus- évoquées constituent des ordonnateurs directs dans le cadre des MDC parce qu'ils exercent de manière directe les actes de nature à assurer la gestion financière de la mission. Tel n'est pas nécessairement le cas des autres acteurs qui eux n'interviennent que de manière indirecte.

b. La classification par les modalités d'intervention

Ce critère met en exergue la différenciation entre les ordonnateurs spéciaux ou occasionnels. En effet, l'observation de la pratique financière des MDC permet de relever l'existence d'ordonnateurs spéciaux à l'occasion d'opérations menées à l'étranger à partir des services de l'État accréditant par ces gestionnaires des crédits, notamment les présidents des organes constitutionnels, les chefs de départements et les Chefs de certaines structures spéciales. Ceci du seul fait que les compétences attribuées à ces institutions sont exercées pour l'ensemble des services de l'État et pour la totalité de sa population, fussent-ils géographiquement situés hors de son territoire. Les rôles et responsabilités de ces derniers sont définis dans les cadres organiques. Les interventions de ces ordonnateurs spéciaux qui agissent à partir des services centraux se justifient par la recherche du bon fonctionnement de l'État, la confidentialité et la discrétion de certaines opérations mais, elles interpellent leur apport spécifique à la science des finances publiques notamment en ce qu'elles bousculent les certitudes sur la conception traditionnelle de l'ordonnateur.

Généralement, ces opérations concernent :

- le paiement des aides, des bourses aux étudiants ;
- les acquisitions du matériel spécial à l'étranger (motivé par leur qualité, leur prix ou leur rareté) ;
- l'organisation des élections dans certaines missions diplomatiques et consulaires ;
- la gestion de certaines interventions spéciales de l'État à l'étranger.

Ces opérations menées au moyen des délégations de crédits posent souvent des problèmes lorsqu'elles dépassent le cadre d'un exercice. Elles sont également équivoques en ce qui concerne la marge de manœuvre de l'Ambassadeur ou du Consul dans la gestion de ces crédits délégués lorsqu'on sait qu'en la matière, la compétence exclusive de l'autorité délégante est établie. Elle est l'unique responsable des opérations de dépense d'engagement et d'ordonnancement des crédits. Quelle que soit son appellation, l'ordonnateur engage, liquide et mandate les dépenses. De même, la procédure de réception peut connaitre des biais et des entorses qui rendent difficile l'effectuation des contrôles subséquents. Ces modalités d'intervention permettent à l'ordonnateur d'agir et de déclencher la multitude de diligences relatives à l'exécution du budget[241].

---

241 Un tel mode de régulation novateur ouvre la voie à la néo-réglementation dans le domaine des finances publiques. La mise à jour des textes et des procédures est toujours nécessaire au risque d'assister à l'application d'un système juridique en total déphasage avec les réalités de la société et en contradiction avec les évolutions de l'environnement juridique. MOCKLE, D., « L'évincement du droit par l'invention de son double : les mécanismes néo-réglementaires en droit public, *Les Cahiers du droit*, *44*(3), 2003, pp.297–360.

2. Les modalités d'intervention de l'ordonnateur

Les modalités d'intervention permettent à l'ordonnateur d'agir et de déclencher (a) la multitude de diligences relatives à l'exécution du budget (b).

a. Le déclenchement des opérations par l'ordonnateur

Le *modus operandi* de l'ordonnateur répond à la lancinante interrogation relative à la base juridique de son intervention de même que celle des informations par lui requises dans l'exécution du budget des MDC. Relativement au fondement juridique de son intervention, il est à noter que celle-ci s'inscrit dans le processus d'exécution du budget, une fois la loi des finances votée par le Parlement et promulguée par le Président de la République (le Roi ou le Premier ministre selon les cas), suivie en cela par la circulaire relative à l'exécution du budget signée par le ministre des Finances. Au titre des documents exigés, les fiches d'accréditation sont en réalité les premiers éléments préparatoires au processus d'exécution budgétaire. En plus des signatures de l'ordonnateur principal ou secondaire, ces fiches contiennent les noms et signatures des ordonnateurs délégués ainsi que les lignes budgétaires sur lesquelles ils sont autorisés à faire des engagements.

Dans le jeu des accréditations des ordonnateurs secondaires des MDC, il faut préciser que certains pays délèguent automatiquement des crédits aux responsables des structures spécialisées qui relèvent des MDC notamment aux Services financiers, les Services de l'attaché militaire, au Service commercial, au Service chargé du Tourisme tant et si bien que cette formalité d'accréditation peut être considérée comme impérative.

b. Les modalités de mise à disposition des crédits

De façon organique, le processus est mis en mouvement, après la détermination et la notification aux Chefs de départements ministériels par le ministre des Finances des quotas ministériels d'engagement des dépenses et notamment ceux du premier trimestre de l'exercice budgétaire. Les ordonnateurs principaux que sont les chefs de départements ministériels ou ceux des structures spécifiques à l'instar des organes constitutionnels.

Au niveau des MDC, les délégations de crédits sont effectuées en quatre tranches trimestrielles, en deux tranches semestrielles ou alors en une tranche annuelle et dans le cadre de leur utilisation, le chef de MDC, ordonnateur principal procède au préalable aux accréditations nécessaires. Ces accréditations prennent la forme de spécimen de signatures apposées, sur les fiches spécifiques mises à la disposition des MDC par la Direction générale du Budget.

En somme, la conception d'ordonnateur dans les finances publiques des MDC défie les principes de l'orthodoxie classique en la matière en ce sens qu'elle se démarque de celle faite en droit des finances publiques de l'État. Cette logique d'ipséité déteint également sur les comptables des MDC dont la fonction semble s'inscrire dans la singularité.

A. La différenciation des comptables dans les MDC

Les comptables publics sont des agents publics régulièrement habilités à effectuer à titre exclusif au nom de l'État, ou des autres entités publiques, des opérations de recettes, de dépenses ou de maniement de titres soit au moyen de fonds et valeurs dont ils ont la garde, soit par virement interne d'écritures, soit par l'intermédiaire d'autres comptables préposés aux comptes ou chargés du recouvrement, de la garde et du maniement des fonds et valeurs[242]. Ce sont des agents chargés d'exécuter toutes les opérations de recettes et de dépenses du budget de l'organisme auprès duquel ils sont placés, ainsi que toutes les opérations de trésorerie. Le décret n° 2020/375 du 7 juillet 2020 portant règlement général de la comptabilité publique, distingue en son article 16, des comptables supérieurs ou subordonnés, des comptables principaux ou secondaires, centralisateurs ou non centralisateurs, alors que la législation devancière distinguait essentiellement des comptables en deniers et valeurs des comptables d'ordre. Cette législation a un contenu similaire à celui des articles 13,14 et 15 de la directive n° 02/08-UDEAC-190-CM-17 portant règlement général sur la comptabilité publique du 20 juin 2009.

1. Les comptables ordinaires

Parmi les comptables publics, on distingue : les comptables en deniers et valeurs, et les comptables d'ordre. Les comptables en deniers et valeurs sont des personnes habilitées à procéder au maniement et à la conservation des fonds publics, des valeurs qui sont des valeurs en portefeuille, des bons, traites, obligations, rentes et actions de société. Les comptables d'ordre sont ceux qui centralisent et présentent dans leurs écritures et leurs comptes, les opérations financières exécutées par d'autres comptables.

Les comptables en deniers et valeurs ont un rôle double de caissier et de payeur. En qualité de caissier, l'agent comptable est chargé de l'encaissement de toutes les ressources financières, sur présentation des pièces justificatives. Il est responsable du suivi et de la redynamisation des régies de recettes de sa structure de

---

[242]Article 58 (1) loi portant régime financier de l'État.

rattachement. En tant que payeur, il est chargé du contrôle de la régularité des pièces de dépenses et du paiement. Il est à noter que les comptables en deniers et en valeurs se subdivisent en comptables principaux et en comptables secondaires.

Les comptables publics ont en toutes circonstances l'exclusivité :

- de la perception des ressources publiques dont le recouvrement a été régulièrement autorisé ;
- du paiement des dépenses régulièrement ordonnancées par les ordonnateurs ;
- de la conservation et de la gestion des deniers publics (fonds et valeurs de l'État ou des autres entités publiques).

Tout comme ceux exerçant dans l'État accréditant les comptables publics en poste dans les MDC sont soumis d'office à un régime de responsabilité applicable aux comptables publics et sont les justiciables de la juridiction des comptes.

2. Les comptables spéciaux des MDC

Dans le cadre particulier des finances publiques des missions diplomatiques, les comptables sont appelés payeurs. Ils sont soumis à un régime juridique commun aux autres comptables. Ils sont tous régis par le décret du 7 juillet 2020 portant règlement général de la comptabilité publique, sus rappelé. Toutefois, il est intéressant de les distinguer en comptables directs et en comptables indirects, pour mieux ressortir leur spécificité dans le domaine des finances des MDC.

En substance, les comptables directs sont de manière générale, les comptables établis auprès d'un poste diplomatique ou consulaire. Ils sont qualifiés de comptables directs parce que leurs actes sont directement liés à l'exercice des missions diplomatiques. Ces comptables sont de deux ordres, il s'agit :

- des comptables permanents nommés par décret du Président de la République ;
- des comptables intérimaires désignés par arrêté du ministre des Finances lorsque les circonstances l'exigent et dans l'intérêt du service.

Ces deux catégories de comptables exercent des fonctions de payeurs auprès des MDC.

Les comptables indirects des MDC, quant à eux, sont les comptables publics du trésor. Il convient de préciser que ceux-ci relèvent de l'agence comptable centrale du trésor, et de la paierie générale du Trésor. En réalité, ils occupent des fonctions de suivi des opérations financières des MDC à partir des services centraux. Toutes choses qui leur confèrent un statut privilégié, même s'ils restent assujettis à la même discipline financière et budgétaire que les comptables publics officiant au sein de l'État[243]. Il s'agit

---

[243] Il est à préciser que le comptable d'une MDC appelé payeur, loin des principes généraux qui régissent le domaine spécifique des opérations comptables habituelles de ces services extérieurs, a mandat_d'exercer les compétences de comptables pour les autres opérations que les ordonnateurs spéciaux effectuent à l'étranger. Dans cette posture de double comptable (comptable des opérations internes à la MDC-comptable externe pour les opérations émanant des ordonnateurs spéciaux), le payeur d'une MDC peut être incompris au sein de la Mission diplomatique en raison de son refus d'utiliser les fonds relevant des crédits délégués par ces ordonnateurs à des fins de fonctionnement de la Mission diplomatique. À l'occasion des opérations de colocation, les comptes de la MDC peuvent faire l'objet d'un suivi comptable complexe difficilement conciliable avec les principes édictés par le régime financier de l'État (art. 5 du décret n° 201/03/9/PM du 11/09/2009 fixant le cadre général de présentation d'un plan comptable de l'État). Cette colocation connait déjà dans certains États des difficultés de mise en œuvre à l'instar du Canada et de la Grande

dans ce cas de la continuité et de l'unité des règles d'exécution du budget des MDC.

Paragraphe II. Les règles d'exécution du budget des MDC

L'exécution du budget des MDC est soumise de manière particulière aux règles tirées du régime financier classique. Il s'agit, *grosso modo*, de son assujettissement aux normes consacrant les principes classiques et modernes des finances publiques (**A**). Au-delà desdits principes, le paradigme de spécialité qui imprègne fortement les finances publiques des MDC invite à investiguer les variables qui impactent la gestion budgétaire des MDC, à l'instar de la variation du taux de change[244] sur l'équilibre budgétaire des MDC(**B**) dévoilant ainsi tout l'enjeu de l'exécution du budget des MDC.

A. L'**assujettissement aux principes budgétaires**

La conformation du budget des MDC aux principes classiques des finances publiques procède de leur souscription aux exigences classiques (1) et modernes (2)

Bretagne. Leurs Ministres chargés des affaires étrangères ont signé un accord qui leur permet de partager certains locaux des MDC à l'étranger. Les deux pays ne fusionnent pas, ces Ambassades occupent simplement les mêmes locaux. Ils gardent chacun son indépendance fonctionnelle en attendant d'avoir la possibilité d'acquérir ou de construire un édifice. Les détails d'une telle entente règlent ces questions d'économie, ce qui pose tout de même le problème de la gestion des comptes par les paieries : électricité, eau, téléphone, entretien-maintenance des locaux…
Cette colocation renvoie au regroupement dans un même bâtiment des représentations diplomatiques et ou consulaires de plusieurs pays. Ce sont des représentations diplomatiques ou consulaires logées sous un même toit.

[244] PLIHON D., *Les taux de change*, Paris, la Découverte, p.40.

minimales de conduite et de formalisation du budget tel qu'élaboré par la doctrine en la matière.

1. La conformation aux principes budgétaires classiques

La théorie générale des finances publiques a engendré quatre grands principes classiques dont la consistance est le fruit d'un contexte qui en a modelé l'énonciation.

En les situant dans leur contexte originel, les principes budgétaires classiques résultent d'une formalisation, par la doctrine juridique du XXe siècle, des pratiques budgétaires qui les ont structurés par l'usage durant le siècle précédent. Cette période correspond à la conception classique des finances publiques[245]. Il s'agissait alors d'éviter que l'intervention financière de l'État vienne brider la liberté individuelle. Elle constituerait d'ailleurs, une source d'inefficacité économique. Cela s'est traduit par l'érection de deux exigences : la neutralité budgétaire [246]et l'équilibre budgétaire[247]. De ceux-ci dériveront plus tard quatre impératifs relatifs à la prévision et à la présentation du

---

[245] Voir *supra*, p.9.

[246]Selon ce principe le budget n'est pas utilisé pour agir sur la conjoncture économique. L'État n'intervient donc pas en matière économique et sociale, et la fiscalité ne joue aucun rôle redistributif.

[247]Selon cette règle, le déficit est proscrit. Les ressources de l'État sont donc essentiellement fiscales, la monnaie est stable, le secteur public n'existe pas, et les recettes extraordinaires (comme l'emprunt) sont limitées à la couverture de dépenses exceptionnelles (investissements et guerres). D'autres principes budgétaires apparaissent pour limiter les initiatives financières de l'exécutif : autorisation budgétaire donnée par le pouvoir législatif, annualité des autorisations, spécialité des crédits, universalité et unité du budget. En dépit de cela, l'État a pu intervenir, au cours de cette période, soit pour promouvoir des infrastructures publiques (transports), soit en période de crise, notamment par le biais des droits de douane et de la politique commerciale. Lire utilement.

budget, érigés en principes au gré de leur usage dans la pratique courante[248].

Dans l'ordre de la prévision budgétaire, on recense surtout le principe d'annualité et le principe de spécialité. Dans son énonciation, le principe d'annualité exprime l'idée d'encadrement temporel de l'autorisation législative donnée à l'exécutif pour collecter les recettes publiques et exécuter les dépenses sur un horizon annuel correspondant à un exercice budgétaire. C'est dire que l'acte d'autorisation adopté par le Parlement sur présentation d'un état prévisionnel des recettes et des dépenses pour l'année à venir vaut exclusivement pour l'année considérée[249]. Au Cameroun[250] comme en France, l'exercice budgétaire est aligné sur l'année civile. En évitant le risque de déperdition des crédits, ce principe garantit la pérennité des attributions parlementaires et évite que l'exécutif, ayant sollicité une fois l'autorisation, s'abstienne de revenir devant le Parlement formuler ses demandes financières.

S'agissant du principe de spécialité, il concerne les dépenses autorisées par le budget : celles-ci sont spécialisées, selon une nomenclature budgétaire, ce qui signifie que l'exécutif doit utiliser les crédits ouverts, de manière en principe limitative, selon leur destination telle qu'elle résulte du budget voté par le Parlement. La nomenclature budgétaire peut refléter une logique de moyens, ventilant les crédits selon la nature des dépenses qu'ils serviront à couvrir, ou selon une logique de résultats, ventilant alors les crédits selon les objectifs de politique publique auxquels ils vont concourir.

---

[248] OWONA NDOUGUESSA F., *Le bréviaire des finances publiques camerounaises*, Yaoundé, Afrédit, 2020, p.56.

[249] LEKENE DONFACK C.E., *Finances publiques…, op. cit.*, p.57.

[250] Article 4 (1) de la loi n° 2018/012 du 11 juillet 2018 portant régime financier de l'État et des autres entités publiques.

Sous l'angle de la présentation budgétaire, le principe d'unité exprime l'idée que les recettes et les dépenses d'une entité doivent figurer dans un document unique[251], à des fins de lisibilité et de transparence. En pratique, ce principe connait de nombreux aménagements tels que les budgets autonomes (budgets annexes, comptes spéciaux, et même possibilité de budgets rectificatifs en cours d'exercice).

Dans le même registre, le principe d'universalité budgétaire signifie que le budget décrit, pour la durée de l'exercice, l'ensemble des dépenses et des recettes. Il s'agit d'assurer la sincérité et la transparence de l'acte budgétaire. En d'autres termes, le principe de l'universalité exige que les ressources et les charges soient comptabilisées de façon à ce qu'il n'y ait pas de compensation entre les recettes et les dépenses. Ce principe a également pour conséquence la non-affectation des recettes aux dépenses, en vertu de ce principe, les recettes définies ou encaissées ne devraient pas être affectées à la couverture des dépenses déterminées. Ainsi, l'ensemble des recettes devrait servir à la couverture de l'ensemble des dépenses.

Ces principes classiques dénotant d'un ancrage historique assez marqué peuvent encore être qualifiés de principes fondateurs de la gestion des finances publiques. Au fil du temps, ils ont été complétés par de nouveaux principes budgétaires d'apparition récente. Tel est notamment le cas du principe de sincérité, de transparence et davantage de performance.

2. La souscription aux principes budgétaires modernes

L'évolution des finances publiques dans un environnement politique et social marqué par la quête de l'idéal démocratique a modifié le corpus juridique appliqué aux finances publiques en sorte qu'apparaisse une logique

[251] Article 4 (5) de la loi précitée.

moderne construite sur des règles nouvelles[252]. En fonction de leurs finalités, les principes meublant ce nouvel ensemble idéologique peuvent être subdivisés en deux catégories à savoir : les principes de performance et les principes organisationnels visant à la gestion efficace des finances publiques. Sommairement, ils se rapportent non seulement à la sincérité, à la transparence, mais aussi à la performance.

Au rang des principes organisationnels, on dénombre les principes de sincérité et de transparence. S'agissant de la sincérité, son étymologie latine *sinceritas* le relie aux notions d'intégrité, de pureté[253] et de sincérité. L'appréhension de ce principe cardinal[254] n'est possible que sous le prisme des réformes récentes visant à conduire les pouvoirs publics vers l'objectif de « *bonne gouvernance financière* »[255]. En raison de son universalité, peu de pays ignorent le principe de sincérité budgétaire comme des comptes publics[256]. À l'heure de l'émergence du système financier local camerounais, il se retrouve au cœur des finances locales.

Finalement, ce principe renvoie surtout à la non-complaisance des évaluations internes et externes portées au budget, à la bonne délimitation du périmètre budgétaire, à la présentation exacte et fidèle des opérations qui parce qu'elles ne sont pas faites dans la confusion, se manifestent

---

[252] LASCOMBE M., VANDENRIESSCHE X., *Finances Publiques*, *op. cit.*, p.45.
[253] CORNU G., *Vocabulaire juridique*, Paris, PUF, Association Henri Capitant, 9e éd., 2011, p. 960.
[254] JOYE J.-F., « La sincérité, premier principe financier », *RFFP*, n° 111, septembre 2010, pp. 17-25.
[255] PANCRAZI L., *Le principe de sincérité budgétaire*, Paris, l'Harmattan, 2012, p. 11.
[256] ORSONI G., « Le principe de sincérité à l'étranger », *RFFP*, n° 111, septembre 2010, pp. 37-46.

effectivement par une situation limpide faite de comptes clairs.

Relativement au principe de transparence, il faut relever qu'il fait partie des grandes innovations introduites dans les finances publiques et les MDC sont totalement concernées par la généralisation de la nouvelle gouvernance financière publique. En effet, « *la transparence en matière budgétaire est une composante essentielle de la bonne gouvernance des finances publiques* »[257]. En outre, elle apparaît comme « *la sève de la démocratie* »[258]. Marquant son adhésion à cette perception, M. Pierre JOXE relevait qu'« *il n'y a pas de démocratie sans finances publiques claires, sans transparence, sans règle de droit* (…). *L'obscurité en matière de finances publiques est évidemment la source de tous les abus ou pire* »[259]. Pourtant, « *le budget est l'arme des peuples contre les abus* »[260], pour reprendre M. Benjamin CONSTANT. L'objectif ici est de parvenir à une gestion saine des finances publiques pour un rayonnement sans ambages de la politique étrangère et plus

[257] BENSOUDA N., « Les finances de l'État au Maroc : entre l'ambition, la prévision et l'exécution », *in Transparence de l'exécution du budget de l'Etat*, Actes du colloque international sur les finances publiques, Rabat les 07 et 08 septembre 2012.

[258] AHOUANKA E. S., « La transparence budgétaire dans les Etats membres de l'Union Economique et Monétaire ouest-africaine (Réflexion sur le nouveau rôle du parlement et de l'opinion publique) », *in* MEDE N., (dir.), *La LOLF dans tous ses états*, *op. cit.*, pp. 535 – 563.

[259] JOXE P., « Finances publiques : scénarios pour demain », *R.F.F.P*, n° 87, 2004, pp. 11 – 12.

[260] CONSTANT B., *Discours de M. Benjamin CONSTANT à la Chambre des députés*, Paris, Imprimerie et fonderie PINARD, Vol. 2, 1827, p. 107.

intérieure, car « *l'exigence de transparence est au cœur de l'éthique démocratique* »[261].

Tout comme la sincérité, la transparence renvoie à la présentation d'un budget dont les opérations, les chiffres et les résultats peuvent être vus, examinés sur la base des données non secrètes vérifiables et consultables par tous. Comme le souligne Michel BOUVIER, « *la transparence renvoie à une information claire du public sur la structure et les fonctions de l'Administration publique, les visées de la politique des finances publiques, les comptes du secteur public et les prospections budgétaires* »[262].

Sous l'angle de la performance, le principe éponyme renvoie à une réalité dans la gestion des finances publiques des MDC. Celle-ci procède du constat selon lequel les MDC sont perçues comme le prolongement territorial de l'État. Par voie de conséquence, la gestion des deniers subséquents est encadrée par les mêmes règles que celles établies et appliquées au sein de l'État. Il se trouve alors qu'aujourd'hui, le régime financier est imbibé de la logique de performance en vertu de laquelle la gestion des deniers publics des MDC doit être efficace et efficiente. Il s'agit aussi de mener des opérations budgétaires visant à remplir les objectifs de performance conformément au paradigme de la GAR, exigée à ces entités souvent géographiquement éloignées de l'Administration centrale et confrontées aux difficultés de passage d'une monnaie à une autre ou d'une zone monétaire à une autre.

---

[261] MATHIEU B., « Quelle transparence du budget de la Présidence de la République ? », *in* BOUVIER M., (dir.), *La bonne gouvernance des finances publiques dans le monde*, *op. cit.*, pp. 231 – 235.

[262] BOUVIER M., *Étude sur la gestion de la dépense publique dans les pays d'Afrique francophone subsaharienne, op. cit.*, p.140.

B. Le tempérament du principe de l'équilibre budgétaire

L'environnement politico-économique dans lequel évoluent les MDC soulève certaines difficultés quant à l'application des principes budgétaires, en sorte qu'une logique d'adaptation soit indispensable pour ces entités en la matière. Loin d'être un simple cas d'école, cette complexité est perceptible à travers l'exécution concrète de la règle de l'équilibre budgétaire.

1. Les mobiles de l'assouplissement du principe d'équilibre

En raison de l'autorité dont elle bénéficie dans les pratiques budgétaires, la règle de l'équilibre fait figure de dogme dans les finances publiques classiques. Concrètement, elle pose l'exigence d'équilibre des comptes manifesté par une identité arithmétique entre les recettes et les dépenses. Ce qui inclut à la fois l'interdiction des déficits et des excédents. Pour autant, cette conception propre à la vision libérale est généralement déconnectée du contexte économique et financier en raison des multiples fluctuations du circuit de la production et de la consommation des biens et des services. Son implémentation devient dès lors conjoncturelle comme en témoignent les fluctuations monétaires dans l'économie internationale.

Dans un village planétaire où les économies sont interdépendantes, l'exécution du budget des MDC est tributaire des relations monétaires internationales. Elles s'en trouvent régulièrement influencées, aussi bien lors de la hausse s'agissant des gains de change qu'à la baisse pour évoquer les pertes de change. Au concret, cette situation généralement passée sous silence se manifeste lors des mouvements de fonds d'un État à un autre ou d'une zone monétaire à une autre. On est alors confronté au problème de change ou de fluctuation monétaire, le cours de la monnaie étant essentiellement instable et changeant. À chaque opération, le taux de change est favorable ou défavorable, il baisse où il augmente. Le comptable (Payeur) est totalement concerné par cette catégorie d'opérations dont il est l'acteur principal, car l'encaissement des fonds délégués est affecté positivement ou négativement par cet état de choses. Au double plan comptable et juridique, ces opérations délicates demandent un encadrement particulier.

2. Les manifestations de l'assouplissement du principe

Concernant l'encadrement comptable, le Payeur est tenu de passer deux écritures :

- une première pour constater le montant délégué (par exemple de 100 000 francs à 98 000 francs) ;
- la seconde écriture pour constater la perte de change (de 2000 francs).

À la fin de l'exercice, le payeur fait un état annuel des pertes de change qu'il adresse à la Direction générale du Budget dont les services élaborent les actes administratifs, techniques et préparatoires à une couverture budgétaire conséquente. L'écriture passée est régularisée, car la perte de change est passée dans un compte d'attente ou compte d'imputation provisoire. Une opération identique est faite en écriture comptable, en cas de gain de change en deux étapes :

- l'écriture du constat des crédits réellement délégués ;
- l'écriture des gains de change.

L'opération déclenchée par le payeur vise à rendre compte au chef de la mission diplomatique et au MINFI à la fois : du niveau réel des pertes ou des gains de change au cours d'un exercice ; de l'identification des activités affectées par cette opération ; d'en assurer la bonne fin par les remboursements ou les virements dans les comptes appropriés, des structures ou des personnes concernées.

Ainsi, le ministre des Finances, en cas de perte de change constatée, délègue des crédits au payeur pour couvrir ladite perte conformément à la circulaire n° 6393/MINFI/134 du 15 novembre 1983 qui a étendu le remboursement des pertes de change à tous les crédits délégués aux MDC ainsi qu'aux salaires des personnels des représentations diplomatiques et consulaires sur la base du taux de chancellerie[263].

A contrario, il s'est souvent posé la question de la propriété des fonds issus d'un gain de change, si la perte de change est imputée à l'État (au Trésor public). Ce dernier est aussi le bénéficiaire des gains et les fonds y relatifs sont publics.

S'agissant de l'encadrement juridique dans l'État du Cameroun, un arrêté du ministre des Finances fixe le taux de change et de chancellerie conformément à la législation CEMAC[264]. Il intervient au début de chaque exercice budgétaire. Dans le cadre de cette procédure, un arrêté initié par la Direction générale du Trésor[265], signé par le ministre des Finances, précise les différents taux de chancellerie en fonction de l'environnement économique de chaque pays.

---

[263]Toutefois, pour être remboursées, les structures ou les personnes victimes de pertes doivent produire des justificatifs, notamment des états constituant les pertes de change accompagnés des originaux des avis bancaires comprenant aussi les avis de la Banque de transfert et ceux de la Banque de résidence ; leurs doubles doivent être joints aux états de recettes.

[264] Règlement n° 02/00/CEMAC/UMAC du 29 avril 2000 portant harmonisation de la réglementation des changes dans les États de la Zone CEMAC.

[265]KEIMEINI WELADJI (R), *Les correspondants du Trésor en droit public financier camerounais*, Thèse de Doctorat PhD, FSJP, Université de Dschang, 2021, 305 p.

C'est un acte réglementaire qui est une véritable base de travail et qui fixe, en dehors de toute spéculation abusive, le taux de change au cours d'une période donnée (1 ou 2 ans) selon le cas. Il résulte de ce qui précède que les opérations de changement de monnaie et celles de mutation de zone ont toujours été délicates comme le précise Mr Albert Ondo Ossa dans *Les réflexions sur la zone monétaire et crise de change : le cas de la zone Franc Africaine*.

En tout état de cause, au-delà de leur étendue, ces règles constituent des éléments d'encadrement de la procédure d'exécution du budget des MDC.

Section II. La procédure d'exécution du budget dans les MDC

L'exécution du budget des MDC est la mise en œuvre des choix qui ont été opérés tant en dépenses qu'en recettes, selon le canevas défini par l'État. Ainsi, s'agissant de la dépense, on retrouve la traditionnelle distinction entre la phase relevant de l'ordonnateur, et la phase incombant au comptable. De ce fait, évoquer la procédure d'exécution revient alors systématiquement à examiner les phases administrative (**Paragraphe I**) et comptable (**Paragraphe II**) des opérations financières des MDC.

Paragraphe I. La phase administrative de l'exécution

Elle relève de l'agent public, décideur financier habilité à apprécier l'opportunité d'une dépense ou à constater l'existence d'une recette en l'occurrence l'ordonnateur. Avec la budgétisation par programme, il peut s'agir du responsable de programme qui sera alors considéré, soit comme un ordonnateur direct, soit comme un ordonnateur indirect. Invariablement, l'exécution porte tant sur les recettes (**A**) que sur les dépenses (**B**).

A. La phase administrative d'exécution des recettes

L'exécution régulière d'une recette publique exige globalement deux conditions : l'existence d'une créance et l'autorisation annuelle. Dans sa phase administrative, cette exécution relève de la compétence de l'ordonnateur. C'est une opération qui se réalise en deux temps : à travers l'établissement de la recette d'une part et par le biais de la mise en recouvrement, d'autre part.

1. L'établissement de la recette

Dans une représentation diplomatique, cette opération s'effectue au moyen de la constatation et de la liquidation des recettes et par les délégations de crédits.

Pour ce qui est de la constatation de la liquidation, il faut relever qu'avant tout recouvrement, les recettes des représentations diplomatiques sont constatées et liquidées par l'ordonnateur suivant les règles générales des finances publiques. Il constate les droits au profit de la mission. En d'autres termes, il vérifie l'existence d'une créance au profit de cette dernière. Il faut préciser que l'ordonnateur ne crée pas la recette, dans la mesure où celle-ci résulte de l'application de la loi. Car chaque opération de recette repose sur le principe d'une autorisation juridique : *« pas de recette sans texte »*[266]. L'établissement de la recette s'articule donc autour de la constatation des droits et de la liquidation.

S'agissant tout d'abord de la constatation des droits, il faut dire que c'est le fait générateur de la créance publique. On pourrait l'assimiler à la phase de l'engagement dans le cadre de l'exécution des dépenses. Concernant les recettes fiscales, cela se matérialise par l'existence d'une matière

---

[266] EBANG MVE U.N., « L'ordre de recette en droit public financier camerounais », *RADSP*, Vol. V n° IX janvier-juin 2017, 1er semestre, pp. 155-186.

imposable sur la base des lois et règlements qui justifient ou permettent la soumission des contribuables à l'impôt. Il convient de préciser que la créance publique peut aussi avoir des origines non fiscales. Une fois cette tâche préalable accomplie, l'ordonnateur détermine la valeur exacte de la créance.

Pour ce qui est de la liquidation, comme dans le cadre des dépenses, cette opération permet de calculer le montant de la recette. En clair, elle détermine la hauteur de la dette des redevables et donne lieu à l'établissement d'un titre de perception. La fin de l'exécution de cette opération va mener à la dernière étape de la phase administrative de l'exécution des recettes qui constitue la mise en recouvrement.

Les recettes issues de la délégation des crédits quant à elles sont fondées sur la règle selon laquelle, tout transfert de compétence ou toute création de charges doit s'accompagner de ressources équivalentes[267]. Cette règle permet aux MDC de s'acquitter avec compétence de leurs missions. Pour accomplir ces missions, des crédits leur sont délégués par les ordonnateurs principaux.

Matériellement, les MDC bénéficient des délégations des crédits, sur la base d'une procédure initiée par les ordonnateurs des services centraux de l'État d'origine. Le ministre ou l'ordonnateur principal délègue de façon ponctuelle ou automatique des crédits au profit des MDC. Il signe à cet effet une décision portant délégation de crédits au montant retenu, imputé au chapitre y afférent. Puis, le visa du contrôle financier est requis. Un titre de confirmation de créance est édité par le contrôleur financier adressé au Payeur de la MDC destinataire. Dès lors, une correspondance généralement sous la forme d'un message

---

[267] FORMERY S.L., *La constitution commentée article par article*, Paris, Hachette, 7e éd., 2003, p. 138.

est signée par le Directeur général du Budget à destination du payeur compétent. Elle est alors transmise à la Direction générale du Trésor, notamment à l'Agence Comptable Centrale du Trésor pour diligences. Il est dès lors procédé à un mouvement de fonds en direction du Payeur, l'ensemble du dossier est transmis à la Banque centrale[268] (au compte du Trésor) qui crédite le compte de la paierie (destinataire final).

Les fonds issus de ces crédits étant déjà dans le compte de la MDC, la procédure diplomatique ou consulaire de dépense peut donc être engagée.

2. La mise en recouvrement

Elle est matérialisée par la production d'un titre de recettes et l'inscription sur un bordereau récapitulatif aux fins d'enregistrement dans la comptabilité de la MDC. La créance constatée et liquidée doit faire l'objet d'un ordre de recette constitué, soit par un acte formant titre soit par un titre de perception.

L'ordonnateur dispose d'une compétence exclusive en matière d'émission d'ordre de recettes, exception faite de la décision de justice. Les créances des MDC émanant d'une décision de justice imposent à l'ordonnateur, notamment le chef de Mission à prendre des mesures, afin de les rendre exécutoires. En cas de défaillance, le représentant de l'État dispose d'un pouvoir de recouvrement d'office. Le

---

[268] Les fonctions de la Banque Centrale consistent entre autres : « *à assurer la gestion des relations monétaires extérieures, et aussi à assurer le bon fonctionnement des mécanismes de paiement ou de transfert. Elle met à cette fin, un mécanisme de réserves obligataires que les banques secondaires doivent détenir en cas de besoin de liquidité, le Trésor étant considéré comme la Banque de l'État* », BIS Papers N° 71, Département monétaire et économique, Banque des règlements internationaux, avril 2013.

bordereau est ensuite transmis au Payeur avec toutes les pièces justificatives.

La mise en recouvrement est la fin du rôle de l'ordonnateur dans l'exécution des recettes. Cette phase incontournable qui fait ressortir l'indispensabilité de l'ordonnateur n'occulte pas cependant la limitation des pouvoirs de ce dernier dès l'enclenchement de l'étape de recouvrement de la recette.

B. La phase administrative d'exécution des dépenses

En matière de dépenses, les opérations peuvent être décomposées en trois phases : l'engagement, la liquidation et l'ordonnancement.

1. L'engagement de la dépense

L'engagement est la phase initiale de la procédure d'exécution de la dépense publique. C'est la décision prise par l'autorité ayant qualité de prélever une partie des crédits ouverts à la rubrique budgétaire d'imputation des dépenses, en accomplissant un acte dont résultera une charge pour l'État. Bien qu'ignorée dans la loi portant régime financier de l'État qui ne le définit pas, l'acte d'engagement de la dépense publique[269] fait l'objet d'une conceptualisation dans la circulaire portant instruction relative à l'exécution des lois de finances de 2018[270]. Aux termes dudit texte : « *L'engagement est l'acte par lequel un ordonnateur crée ou constate à l'encontre de l'État ou d'un organisme public, une obligation de laquelle résultera une charge. Il*

---

[269] Loi n° 2018/012 du 11 juillet 2018 portant régime financier de l'État et des autres entités publiques.

[270] Circulaire n° 001/C/MINFI du 2 janvier 2018 portant instructions relatives à l'exécution des lois de finances, au suivi et contrôle de l'exécution du budget de l'État, des entreprises et établissements publics, des collectivités territoriales décentralisées et des autres organismes subventionnés, pour exercice 2018.

est fait dans la limite des autorisations budgétaires et demeure subordonné aux autorisations, avis ou visas prévus par les lois et règlements »[271].

En somme, il s'agit de l'acte à travers lequel un ordonnateur principal ou secondaire lie l'État ou tout autre organisme public bénéficiaire des crédits à décaisser. L'engagement d'une dépense suppose que les biens ou prestations seront livrés ou fournis et qu'il faudra entièrement s'acquitter du montant convenu[272]. Le règlement de la comptabilité publique le définit comme « *l'acte par lequel, l'ordonnateur, de façon exclusive crée ou constate, à l'encontre de l'État ou d'un organisme public, une obligation de laquelle résultera une charge* ».[273] Ainsi en est-il par exemple, du recrutement d'un agent public ou de la signature d'un contrat de marché ou de tous les autres documents financiers préalables obligeant l'État ou l'institution à l'origine par versement d'un salaire ou au paiement d'un prix au cocontractant. L'ordonnateur créé par là une obligation.

Il faut préciser que l'engagement se décompose en deux opérations : d'une part, l'engagement juridique qui est le fait générateur de la dépense et qui peut résulter d'un acte juridique (arrêté, marché ou contrat…) ou encore de faits extérieurs à tout acte de volonté (dommage causé par un organisme public) ; d'autre part, l'engagement comptable qui est l'imputation par l'ordonnateur, sur les crédits budgétaires dont il dispose, des fonds nécessaires à la réalisation de la dépense décidée.

---

[271] *Idem.*

[272] Réforme des Finances publiques au Cameroun : manuel de pilotage et d'exécution du budget-programme, janvier 2013.

[273] Art. 66 du décret n° 2013/160 du 15 mai 2013 portant règlement général de la comptabilité publique.

L'engagement juridique apparaît donc comme l'acte qui crée une obligation à laquelle résultera une charge[274]. Il peut prendre les formes variées, notamment :

- des dépenses résultant d'actes juridiques accomplis par le ministre des Relations extérieures en tant qu'ordonnateur principal ou les chefs de missions diplomatiques et consulaires (marché, bail, commande de fournitures, nomination d'un agent diplomatique, etc.) ;
- des dépenses résultant des faits indépendants de la volonté de l'Administration : c'est le cas de la dépense supplémentaire que peut provoquer la hausse des prix qui modifie le montant initial d'un marché ;
- des dépenses résultant de l'application des dispositions législatives ou réglementaires (c'est le cas des salaires et autres avantages financiers), etc.[275]

L'acte juridique d'engagement s'inscrit dans un cadre normatif précis. Il doit respecter non seulement les autorisations budgétaires, mais également les lois et règlements en vigueur dans la catégorie des dépenses considérée. Concrètement, l'autorisation d'engagement est perçue comme le support budgétaire permettant d'engager juridiquement l'État ; le crédit de paiement étant mobilisé dès l'ordonnancement de la dépense. Les crédits de paiement n'ont donc plus vocation à être réservés et bloqués dès le stade de l'engagement d'un acte de dépense.

L'engagement comptable est l'affectation d'une partie des crédits budgétaires à la réalisation de la dépense qui résulte de l'engagement juridique. Il s'effectue lorsque la dépense est suffisamment précise en son montant pour faire

---

[274] Voir Décret n° 2020/375 du 7 juillet 2020 portant règlement général de la comptabilité publique au Cameroun.

[275] BIDIAS B, *Les finances publiques du Cameroun*, *op.cit.*, p. 332.

l'objet d'une première mention en comptabilité : il apparaît comme l'évaluation d'une obligation contractée par un service à l'égard d'un tiers et imputable sur un chapitre budgétaire déterminé. En d'autres termes, l'engagement comptable doit toujours précéder l'engagement juridique dans la mesure où les engagements de dépenses sont limités, soit au montant des crédits, soit au montant des autorisations de programme inscrites au budget. Cette opération préalable va permettre de s'assurer de la disponibilité des crédits avant de procéder à la signature d'un quelconque engagement juridique.

L'engagement peut être spécifique (contrat, marché) ou permanent (règlement mensuel des dépenses de personnels, etc.). Les actes d'engagement de la dépense sont soumis à un contrôle financier (contrôle de régularité budgétaire et juridique de la dépense). La régularité de l'engagement entraîne une apposition du visa du contrôleur financier. Par contre, lorsque l'engagement est irrégulier, le visa fait défaut ; ce qui empêche la poursuite de l'opération de dépense.

1. La liquidation de la dépense

Après l'engagement, la phase administrative des opérations de dépenses dans les missions diplomatiques et consulaires est suivie par la liquidation.

En substance, la liquidation a pour objet de vérifier la réalité de la dette et d'arrêter le montant de la dépense[276]. La liquidation ne crée donc pas la dette, elle en fixe le montant en s'appuyant uniquement sur les pièces justificatives. En effet, puisque dans l'administration camerounaise, la règle du service fait est de rigueur, la liquidation implique au préalable la fourniture des

[276] Article 67 du décret n° 2020/375 du 7 juillet 2020 portant règlement général de la comptabilité publique au Cameroun précité.

prestations[277]. Le responsable chargé du règlement est le Payeur/percepteur qui est un comptable public au sens de la réglementation en vigueur[278].

La vérification du service fait présente l'avantage d'éviter à l'État de payer un bien non livré, une prestation non ou mal effectuée en marge des clauses primitives de son établissement. Les responsables des services techniques doivent à cet effet fournir des titres et pièces justificatives permettant d'attester de l'effectivité des prestations ou de ce service fait. Cette étape doit aboutir à une certification de service fait dressée par l'ordonnateur à l'intention de l'agent comptable sur la base d'une facture ou de tout autre document justificatif.

La liquidation proprement dite renvoie au calcul des éléments comptables de la dépense en vue d'arrêter son montant définitif. Au cours de cette phase, l'ordonnateur vérifie si la dette n'est pas totalement ou en partie éteinte du fait de la prescription ou encore par l'intermédiaire d'un paiement antérieur. Il faut relever que la constatation du service fait et la liquidation interviennent tantôt simultanément, tantôt séparément. D'une manière générale, ces deux phases sont toujours étroitement liées au point qu'il est souvent difficile de les distinguer.

---

[277] Les paiements ne peuvent en principe intervenir qu'après que les prestations ont été fournies ou les services accomplis. En d'autres termes, les ordonnateurs, les responsables des services techniques et les membres des commissions de réception s'assurent, avant toute certification, liquidation, signature ou visa, que les prestations sont effectivement exécutées. Dans ce sens, la circulaire portant instruction relative à l'exécution des lois de finances de 2018 précise que : « *le règlement des prestations avant service effectivement rendu (ou réalisé) est interdit…* ».

[278]Article 5 (1) du décret précité.

2. L'ordonnancement de la dépense

Pour ce qui est de l'ordonnancement, il est défini comme « *l'acte administratif donnant, conformément aux résultats de la liquidation, l'ordre par l'ordonnateur du budget au comptable public de payer sur un crédit budgétaire, la dette de l'État* »[279]. C'est donc l'ordre de payer adressé par le chef de MDC au payeur, se traduisant par l'émission d'un titre de paiement. L'ordonnancement encore appelé mandatement répond à trois exigences : d'abord, l'intervention de l'ordonnateur dans la limite des crédits budgétaires autorisés ; ensuite, la soumission avant signature au visa du contrôleur financier. Enfin, le respect de dispositions légales et le transfert au comptable des pièces lui permettant de vérifier la régularité de la dépense lors du paiement.

Formellement, l'ordonnancement doit énoncer l'année et l'imputation budgétaire de la dépense. Ces informations facilitent le règlement des litiges avec les personnes publiques en cas de réclamations de leurs présumés créanciers. Le montant de la dépense liquidée doit y être marqué en chiffres et en lettres. En cas d'incohérence entre le montant en chiffres et celui en lettres, c'est l'inscription en lettre qui fait foi[280]. La doctrine sous la plume de Stéphane THEBAULT[281] distingue deux types d'ordonnancements :

- les ordonnancements directs de paiement ;
- les ordonnancements de délégations de crédits.

Les premiers sont transmis au comptable avec le nom du créancier qui peut, dès lors, entrer en possession de sa

---

[279] *Ibid.*, p. 358.
[280] *Ibid.* art. 72 al.1.
[281] THEBAULT S., *L'ordonnateur en droit public financier*, *op. cit.*, p.101

créance. Les seconds ne constituent pas des ordres de payer au bénéfice d'un créancier déterminé ; ils sont plutôt des actes à travers lesquels, pour un montant global, l'ordonnateur donne le droit à un ou plusieurs ordonnateurs délégués, d'émettre des ordres de paiement dans la limite des plafonds des crédits qui leur sont délégués[282]. C'est cette deuxième catégorie d'ordonnancement qui intéresse les missions diplomatiques et consulaires qui reçoivent régulièrement des délégations de crédits et procèdent au préalable aux opérations d'exécution des dépenses relevant de leurs compétences.

En dernière analyse, c'est l'ordonnancement qui ouvre la voie à la phase comptable.

Paragraphe II. La phase comptable de l'exécution

Elle est du ressort fonctionnel du comptable public. En matière de dépense, le comptable public est chargé du paiement après vérification, bien entendu, de la régularité des autorisations budgétaires[283] et de l'origine des créances ou des dettes publiques[284]. Pour ce qui est des recettes, le comptable public assure toujours le recouvrement moyennant un contrôle préalable. En clair, la phase comptable est réservée à la fonction et aux techniques mises en œuvre par le comptable des MDC (**A**). Toutefois, pour des questions relatives à la compréhension des enjeux de la gestion comptable, un accent particulier sera mis sur l'analyse des paieries (**B**).

---

[282] *Idem.*
[283] MAGNET J., *Éléments de comptabilité publique*, *op cit.*, p. 63.
[284] *Ibid.*, p. 68.

A. Fonctions et techniques mises en œuvre par le comptable des MDC

Sans discontinuer de la logique classique propre à cette fonction telle qu'exercée dans les structures domestiques de l'État, la fonction comptable des MDC consiste en la vérification de la régularité des opérations financières (1) par des mécanismes inhérents à ladite activité (2).

1. La fonction : vérification de la régularité des opérations financières

Elle procède de l'activité conjointe de plusieurs autorités dont la spécificité réside en leur rattachement au ministère des Finances. Elle mobilise les compétences du contrôle financier, des comptables et de l'inspection des finances[285]. Ainsi, cette action concertée dans la vérification vise à s'assurer de la régularité et de l'opportunité de l'opération engagée. Cette démarche est plus perceptible en matière de dépenses publiques.

En effet, le contrôle de l'ordonnateur aujourd'hui, relève d'une « *méthodologie des contrôles fondée sur l'interactivité et la complémentarité des ordonnateurs et des comptables* »[286]. À cet égard, si la dynamique de la nouvelle donne repose sur un échange entre les acteurs de la gestion publique, elle se concrétise également en matière de contrôle dont les modalités ont été redéfinies, s'agissant notamment des contrôles opérés par les comptables publics sur les actes des ordonnateurs. Il faut également relever que le contrôle de régularité a été à son tour adapté à un cadre financier orienté vers la performance, c'est-à-dire la recherche de l'efficacité et de l'efficience dans la réalisation des programmes locaux. S'il s'agit bien d'une nouvelle

---

[285] PAYSANT A., *Finances publiques*, *op. cit.*, p. 329.

[286] THEBAULT S., *L'ordonnateur en droit public financier*, *op. cit.*, p. 209.

méthodologie de contrôle, elle semble avant tout débat au fond, modifier la finalité.

En clair, la collaboration justifie l'opérationnalisation d'un contrôle hiérarchisé de la dépense publique en vue de la réalisation des politiques publiques locales. Ce qui fait dire à M. BASSERES que : « *le contrôle hiérarchisé inverse totalement la philosophie du contrôle en passant d'une logique de méfiance à une logique de confiance. Dans la logique du contrôle hiérarchisé, la régularité des opérations des ordonnateurs est considérée comme la règle, et l'irrégularité l'exception* »[287]. Et lui de poursuivre, « *cette rénovation a pour fondement une nouvelle approche des relations entre ordonnateurs et comptables, dans le sens de leur interactivité et de leur complémentarité* »[288]. C'est donc dire que le contrôle hiérarchisé de la dépense et le contrôle partenarial sont davantage des épiphénomènes de la collaboration qui apparaît comme une exigence dans le paysage de la nouvelle gestion. En tout état de cause, ils sont organisés dans le sens d'un allègement et d'une rationalisation des procédures qui visent non seulement à accroître l'efficacité du contrôle lui-même, mais aussi la fluidité dans le traitement des opérations[289].

2. Les mécanismes : le recouvrement et le paiement

Les mécanismes de recouvrement et de paiement structurent la fonction comptable au sein des MDC. Il s'agit en réalité des missions classiques et essentielles du comptable.

- Le recouvrement

Il constitue une démarche que réalise un créancier, afin d'obtenir de son débiteur l'acquittement de la dette

---

[287] BASSERES J., « Le contrôle hiérarchisé de la dépense », *R.F.F.P*, n° 89, février 2005, pp. 153 – 172.
[288] *Ibid.*
[289] THEBAULT S., *op. cit.*, p. 209.

financière contractée. Il peut être obtenu, soit amiablement, soit après mise en demeure, soit encore à la suite d'une instance en paiement et, éventuellement, la mise en œuvre d'une procédure d'exécution.

Considérée comme la dernière étape de la procédure d'exécution des recettes publiques, elle intervient après les phases de constatation, de liquidation et d'émission de l'ordre de recettes. En clair, les procédures au comptant permettent au comptable d'encaisser les recettes directement, sans intervention préalable de l'autorité ordonnatrice. C'est notamment ce qui se passe pour la plupart des redevances, des impôts indirects et d'une façon générale, pour les recettes autoliquidées. En cas de difficulté de recouvrement, il est nécessaire que l'ordonnateur intervienne pour constater formellement la recette, la liquider et émettre un ordre de recette qui, parce qu'il a valeur de titre exécutoire, permettra au comptable d'engager toutes les procédures civiles d'exécution pour récupérer les sommes entre les mains des débiteurs.

Une fois les ordres de recettes notifiés aux redevables, la phase de recouvrement amiable est alors enclenchée. Une présomption de bonne foi est accordée aux redevables pour le règlement de leurs dettes ou de leurs contributions envers l'État. La procédure de recouvrement diffère suivant la nature fiscale ou non fiscale des recettes.

S'agissant des recettes fiscales, elle est aussi binaire, car il faut distinguer la perception des impôts directs et celle des impôts indirects. Pour les impôts directs, le percepteur adresse au contribuable un avertissement qui est un extrait du rôle indiquant le montant de la dette, la date de mise en recouvrement ainsi que la date limite de paiement. Au-delà de celle-ci, le redevable reçoit une lettre de rappel ou une lettre de sommation. Il peut commencer à subir une pénalité telle qu'une majoration et s'il refuse toujours de payer, le recouvrement se fait au moyen de la contrainte, il est alors dit forcé.

Quant aux impôts indirects, ils sont perçus sans rôles nominatifs ; les états de liquidation forment titre de perception. Leur recouvrement n'obéit pas au principe de la séparation des ordonnateurs et des comptables. Dans les MDC, c'est la même administration qui établit et liquide l'impôt qui le perçoit.

Concernant les recettes non fiscales, il faut relever que les redevances pour services rendus et les autres produits divers ou éventuels des MDC sont perçus sur ordre de recettes formant titres de perception de créances constatées par état de liquidation ou décisions administratives[290].

Au demeurant, le redevable s'acquitte de sa dette par versement d'espèces, par remise de chèque ou par virement dans l'un des comptes de disponibilité ouverts à la représentation diplomatique. Il faut noter qu'en cas de contentieux fiscal, la difficulté est énorme. En l'absence d'un cadre juridique approprié, les entreprises prestataires des MDC ont souvent du mal à régler la question. Par ailleurs, en ce qui concerne les autres aspects de ce contentieux qui intéressent les MDC, il y a lieu de signaler que, le système fiscal international étant fondé sur la souveraineté des États, les conventions fiscales de double imposition sont par principe appliquées unilatéralement et de manière non coordonnée par les administrations et tribunaux de chaque partie contractante. En tout état de cause, le recours à la procédure amiable est le plus utilisé. Le ministre des Finances, après le Directeur général des impôts, est l'autorité habilitée à recevoir les recours y relatifs. Les services diplomatiques ne servent que de relai entre les contribuables et le ministère des Finances.

[290] Source : Entretiens.

Lorsque la procédure de règlement à l'amiable n'a pas prospéré[291], les parties peuvent alors saisir le juge fiscal[292].

- Le paiement

Le paiement est envisagé restrictivement comme l'extinction d'une dette financière versée par le débiteur à son créancier, en une ou plusieurs échéances selon les accords intervenus entre eux, d'une ou de plusieurs sommes d'un montant égal à la créance. Le vocabulaire juridique est plus large en ce sens que toute prestation éteignant une dette constitue un paiement.

Par ailleurs, il s'agit d'un segment important de l'activité des dépenses qui appelle la vigilance et les vérifications du payeur. Dans ce rôle, il agit en bras séculier du Trésor à l'étranger. Lorsque le payeur a effectué toutes les opérations de vérification, il peut procéder au paiement. Il s'agit d'un règlement libératoire, c'est-à-dire du versement des sommes nécessaires au paiement de la créance. Ces opérations matérielles de règlement donnent lieu à l'utilisation des divers moyens de paiement réglementaires, notamment par chèque, par virement ou en espèces. Agissant comme représentant des services du Trésor à l'étranger, le payeur assure la fonction de caisse, de prise en charge des dépenses comme comptable du Trésor.

Avant tout paiement, le Payeur se livre à une autre série de contrôles relatifs au caractère libératoire de la dépense. Il doit s'assurer de l'identité du bénéficiaire, mais aussi de sa capacité juridique. De même peut-il, à cette fin, exiger du créancier (comme preuve de son identité) ou de son représentant (à titre de justification des pouvoirs qui lui ont été

---

[291] Voir STANKIEWICZ L., « Le renouveau des modes de règlement des différends en droit fiscal international », Colloque organisé à l'Université de Lyon III -Jean-MOULIN, novembre 2019.

[292] Voir HERTZOG R. (dir.), *Le juge fiscal*, Paris, Economica, Coll. Finances Publiques, 1988, 302 p.

conférés par le créancier) la production d'un acte authentique. Par ailleurs, il vérifie qu'il n'existe pas d'opposition au paiement. Ce qui revient à vérifier que la somme ne soit pas réclamée par un tiers ou qu'il n'y ait pas de saisie-arrêt ou de sûreté grevant les biens du créancier. Les créanciers privilégiés de ce dernier peuvent en effet s'opposer à ce qu'il soit payé. Cette opposition doit être signifiée aux comptables-payeurs qui suspendent le paiement jusqu'à validation de l'opposition par la justice. Dès lors, pour que la dépense ait un caractère libératoire, le paiement doit se faire non pas au profit du créancier originaire, mais à l'endroit des opposants sur la base de la décision judiciaire qui fait droit à leurs revendications. Enfin, le Payeur vérifie si le mode de paiement précisé par le fournisseur sur le bon d'engagement ou de commande est en conformité avec les différents modes prévus par les dispositions légales.

Conformément à la législation sus rappelée, le rôle de caissier Payeur lui impose également la garde et la conservation des fonds et valeurs appartenant à l'État et confiés à la Représentation Diplomatique, le maniement de ces fonds et les mouvements des comptes de disponibilités. Toutefois, les procédures de transfert de recettes ou des fonds au Trésor public obligent le Payeur à retourner de façon effective au moyen des écritures l'excédent des disponibilités au Payeur général. Il peut aussi effectuer un nivellement de caisse. Pour les subtilités dont elle recèle dans les opérations d'encaissement et de décaissement, l'anatomie de la paierie de l'Ambassade ou du Consulat mérite d'être examinée dans le cadre d'une autopsie poussée.

B. L'analyse des paieries des MDC

La connaissance des paieries[293] suppose que soient au préalable abordés les linéaments permettant d'en cerner la

---

[293] L'étude de la paierie des MDC revêt un intérêt certain pour la science juridique, motif pris de ce que ces services névralgiques se trouvent au

consistance (1) et l'organisation (2), sans toutefois manquer de relever les limites que leur expérience aura révélées comme inconséquences (3).

1. La présentation des paieries des MDC

Créées par le décret n° 84/1138 du 3 septembre 1984, devancier du décret n° 2013/066 du 12 février 2013 fixant l'organisation et le fonctionnement des services extérieurs du ministère des Finances auprès des MDC, les paieries des MDC sont des services publics ayant une organisation fortement influencée par le pouvoir politique et elles opèrent sur la base des principaux comptes mis en place dans chaque pays. Elle repose sur une architecture construite autour de deux piliers organiques : le payeur et le caissier. Avant d'en étudier l'ossature, il sied pour l'heure de s'appesantir sur la consistance de cette institution.

La présentation de la paierie impose que soit rappelé le caractère consubstantiel de la relation qui les lie au Trésor et qui en fait des Services à part entière. Autrement dit, ils relèvent techniquement et organiquement de la DGTCFM (MINFI). Leur rôle essentiel est d'assurer la couverture des

---

cœur du système de finances et de comptabilité des MDC. Elle permet d'ouvrir une réflexion sur un acteur de finances publiques, appréhendé sous le prisme d'un versant peu exploré des importantes opérations des recettes et des dépenses de l'État à l'étranger. Dans la pratique quotidienne, on y distingue l'application des normes éminemment juridiques dont la pertinence est tempérée par des règles dérogatoires qu'impose le réalisme dicté par l'éloignement, en l'absence d'un encadrement juridique. Dans les représentations diplomatiques, les paieries sont des services extérieurs du ministère des Finances relevant techniquement de la Direction générale du Trésor et qui accompagnent administrativement et financièrement les MDC dans l'accomplissement de leurs missions. Ces paieries sont mises en place en même temps que les contrôles financiers auprès des MDC. Pour les accompagner dans leurs missions, la Direction générale du Trésor doit assurer la couverture des charges de l'État au moyen du paiement des dépenses.

charges de l'État. Ce rôle implique naturellement une fonction de caisse prise en charge par les comptables du trésor. Les paieries jouent un rôle d'agent financier de l'État à l'étranger[294]. Il sied de souligner à toutes fins utiles que le Trésor possède à la Banque Centrale un compte courant qui sert, entre autres, à alimenter par de simples jeux d'écriture, les caisses des comptables publics. Il doit veiller à cette alimentation et à l'équilibre de la trésorerie. Cette fonction grandeur nature du trésor est assurée de façon plus réduite par les paieries des MDC, qui sont les services extérieurs rattachés techniquement à la direction générale du Trésor dont les missions de paiement et de décaissement des fonds et de garde des valeurs sont des plus importantes. Cette fonction nous permet de présenter un pan de l'activité nationale et internationale du Trésor. Ces missions diffèrent d'un pays à un autre. En France, par exemple, elles sont particulières. Les paieries des MDC ont entre autres mandat d'assurer le paiement des pensions de retraite d'agents publics ou d'anciens combattants résidant à l'étranger[295].

Il s'agit d'une administration particulièrement complexe structurée en réseau ; elle fonctionne avec une forte implication des applications informatiques et repose sur les TIC. Elle est souvent confrontée au problème d'éloignement des MDC par rapport à l'État représenté. Toutefois, grâce à la gigantesque accélération numérique des dernières décennies, les questions d'éloignement des MDC vont s'estomper et impacter nécessairement l'organisation administrative de ce Service.

[294]Loi portant régime financier de l'État. cf. Arrêté n° 1067/MEF/DGCPT du 26 décembre 1997 portant organisation des paieries à l'étranger et fixant leurs attributions auprès des postes diplomatiques et consulaires en Côte d'Ivoire.

[295] Voir cour des comptes, rapport public annuel 2015, février 2018 : les trésoreries auprès des ambassades de France, une survivance injustifiée, pp. 9-15.

2. L'organisation des paieries des MDC

Une bonne maîtrise de l'organisation des paieries des MDC suppose que soient succinctement présentés et analysés ses Services administratifs (a) tout en insistant sur leur structuration technique (b).

a. La présentation des Services administratifs des paieries des MDC

Sécrétions normatives du Président de la République[296], les paieries effectuent les missions à elles assignées dans l'univers administratif et financier des MDC en s'appuyant sur deux acteurs principaux : le payeur et le caissier.

- Le payeur

Premier acteur et responsable en chef de la paierie, il est chargé d'un important pan d'activités de la MDC. Au Cameroun, le texte organique [297]du MINFI en son article 436 constitue le fondement juridique des attributions de l'institution qu'il dirige. Il est chargé :

- de la tenue de la comptabilité ;

---

[296]Sous d'autres cieux, la situation du payeur n'est pas à l'identique de l'espèce camerounaise. Pour preuve, le cas ivoirien présente quelques nuances, qui méritent d'être soulignées. Dans ce pays de l'UEMOA, les paieries des MDC évoluent dans un écosystème très normé. En effet, l'organisation et les attributions des pairies sont fixées par un arrêté. C'est également par un arrêté que le ministre chargé de l'économie et des finances nomme le payeur sur proposition du Directeur général du Trésor et de la Comptabilité publique. Techniquement, il est rattaché à la Trésorerie générale pour l'étranger.

Au Cameroun, l'organisation des paieries ainsi que la nomination du payeur s'effectuent par décret présidentiel, tandis que les caissiers sont désignés par arrêté ministériel. Ce qui conforte à la fois le rôle prééminent du Chef de l'État dans les finances des MDC et assoit la conviction selon laquelle la diplomatie relève du domaine réservé du président de la République.

[297]Décret de 2013, précité.

- du contrôle et du règlement des dépenses ;
- des opérations de recouvrement et d'encaissement des recettes ;
- de la production des états de synthèses.

Le payeur d'Ambassade dirige un poste comptable conformément aux textes en vigueur. Il est secondé dans sa tâche par un collaborateur principal, en l'occurrence le caissier.

- Le caissier

Principal collaborateur du payeur d'ambassade ou de consulat, *le caissier* est désigné par un acte du ministre des Finances. Ce dernier a mandat pour protéger les fonds et les valeurs et dispose pour cette tâche d'un outil de protection et de préservation desdits fonds et valeurs : le coffre-fort dans lequel il garde en toute sécurité ces espèces et ces valeurs. Il doit nécessairement acquérir un coffre-fort pour la MDC dans le but de sécuriser les fonds et valeurs encaissés. Il doit nécessairement ouvrir un compte dans une banque commerciale du pays d'accueil. Il devrait veiller à l'installation dans son service d'un local sécurisé à même d'accueillir convenablement les usagers et de faciliter la garde et la protection physique des fonds et des valeurs qui lui sont confiés par la loi.

Pour l'essentiel, son rôle consiste à procéder au règlement des dépenses et à l'encaissement des fonds sous l'autorité du payeur. Au sein de la paierie de la représentation diplomatique, il est chargé des opérations de caisse, de la tenue et du suivi des comptes de disponibilité de l'encaissement des fonds, de la tenue des registres et journaux comptables et de la production de la comptabilité et des états de synthèses. Il est à noter qu'à la faveur du décret de 1984 précité, ont été créés :

- les divisions financières ;
- les services financiers ;
- les bureaux financiers ;
- les régies d'avances.

Ledit décret confiait expressément aux chefs des divisions financières toutes les activités dans le domaine de la comptabilité matières. Ces derniers temps, cette activité névralgique semble avoir été perdue de vue dans les MDC. Le décret sus évoqué qui créait en son article 4 une perception dans les MDC précisait que le percepteur a rang de 2e conseiller d'ambassade et que la perception assure :

- la tenue des livres comptables ;
- l'établissement des situations périodiques et leur envoi à la direction du Trésor ;
- la vente des timbres et l'encaissement des recettes de toute nature ;
- le paiement des pièces de dépense visées en espèce ou par virement ;
- la garde des fonds en valeurs de caisse ;
- la garde des chéquiers.

Ce texte présente une meilleure structuration de ces services très peu connus du grand public. Le décret n° 2013/066 du 28 février 2013 précité a consacré la disparition des perceptions au profit des paieries d'Ambassades au Cameroun.

b. La structuration technique des paieries des MDC

L'organisation technique de la paierie des MDC est assise sur ses principaux comptes. Leur étude permet d'une part de les répertorier et, d'autre part, de nous étendre sur les particularismes de l'organisation des paieries en fonction de chaque pays.

Les principaux comptes de ces structures sont de deux catégories : les comptes de recettes et les comptes de dépenses.

- ***Les comptes de recettes***

Ces comptes, ainsi intitulés, sont les suivants :

- revenus de biens meubles ;
- produits ventes de biens meubles ;
- revenus locations d'immeubles ;
- indemnités versées par des tiers ;
- gains de change ;
- dons en espèces ;
- autres recettes ;
- compte de dépôts ;
- bons du Trésor à moyen terme ;[298]
- dépôts à moyen terme ;
- emprunts obligataires ;
- recettes à transférer à l'ACCT ;
- recettes consulaires.

- ***Les comptes de dépenses :***

Nous énumérons dans cette rubrique les comptes destinés uniquement aux dépenses. Il s'agit des comptes relatifs :

- aux bons de caisse ;
- aux frais financiers ;

---

[298] Lire utilement la « nomenclature des comptes du Trésor », exercice 2023, pp. 107- 108.

- aux pertes de change ;
- aux bourses ;
- aux secours financiers ;
- aux autres dépenses.

Les comptes destinés aux dépenses sur délégation de crédits : il s'agit des comptes qui enregistrent les prises en charge sur crédits délégués en fonctionnement et en investissement[299]. L'étude technique des comptes permet aussi d'identifier ces sous-comptes de dépenses[300].

---

[299] Source - entretiens.

[300]Les sous-comptes de dépenses des MDC portent sur :

- les opérations de fonctionnement des Ambassades ;
- les opérations de fonctionnement de la délégation du commerce :
- les opérations de fonctionnement de la délégation du tourisme ;
- les opérations de fonctionnement bureau de l'économie ;
- les opérations de fonctionnement attaché culturel ;
- les opérations de fonctionnement attaché défense :
- les opérations de fonctionnement sécurité ;
- les opérations de fonctionnement organisations internationales ;
- les opérations de fonctionnement du consulat ;
- les opérations de fonctionnement de l'aide aux indigents ;
- les opérations de fonctionnement de la pairie ;
- les opérations de services du contrôleur financier.
- À la liste des sous-comptes sus énumérés il faut ajouter une autre catégorie de sous comptes portant sur :
- la rémunération autres catégories de personnel ;
- les primes et indemnités ;
- les cotisations sociales ;
- les avantages en nature ;
- les dépenses de fournitures ;
- les dépenses d'entretien et de maintenance ;
- les prestations de service ;
- les dépenses d'assurance ;
- les loyers et charges locatives ;

- les frais de transport et de mission ;
- les frais d'immatriculation des véhicules diplomatiques ;
- les autres achats de biens et services ;
- le mobilier et matériel de bureau ;
- le matériel de transport de fonction et de service ;
- les contributions aux OI ;
- les dépenses eau électricité et source d'énergie ;
- les transferts courants aux ménages, formations et recherches ;
- le traitement de base des fonctionnaires ;
- la solde personnel attaché de défense ;
- les dépenses relatives à la fête nationale ;

1. Les limites des paieries des MDC

Dans leur fonctionnement quotidien, les paieries des MDC font face à des handicaps que la pratique a érigés en limites technique et non technique.

a. Les limites d'ordre technique

De façon ramassée, les limites inhérentes aux paieries des MDC tiennent à la fois à leur éloignement géographique ainsi qu'à leur structure administrative et organisationnelle. Plus naturel que technique, le handicap géographique de la paierie émane de ce qu'elle est un service étatique situé en dehors des limites territoriales du pays accréditaire. Ce qui n'empêche pas que son fonctionnement soit influencé par la vision politique de son État d'origine.

Obstacle d'ordre naturel, la problématique de l'éloignement des MDC justifie à l'observation, qu'en l'absence de certains collaborateurs le payeur ait du mal à s'acquitter des tâches quotidiennes qui sont les siennes (allant des paiements au renseignement du livre journal).

Ce handicap a souvent amené le payeur à se faire accompagner même dans les tâches délicates par des fonctionnaires de fait. Autrement dit, des agents non désignés par le ministre chargé des finances et qui par les opérations d'encaissement et de décaissement qu'ils effectuent s'assimilent à des comptables de faits, parfois sans formation de base en techniques comptables et financières. Toutefois, ce déficit de formation ne saurait exonérer leur responsabilité, celle-ci pouvant être engagée en cas de faute. Au rang de ces fautes, on dénombre couramment : l'inexactitude des calculs, les déficits, l'utilisation des ordonnances ou mandats entraînant des encaissements ou des paiements sans acte juridique approprié[301], la confusion des documents comptables, etc. Au surplus, les payeurs des MDC ne sont pas seulement responsables à raison de leurs actes propres. Ils peuvent l'être également du fait d'autrui. Ainsi, ils peuvent être responsables des actes de leurs préposés, c'est-à-dire de leurs subordonnés ou des personnes placées sous leur responsabilité, sous leur surveillance ou sous leur autorité.

Dans un contexte réfractaire au sacrosaint principe de la non-affectation des dépenses et des recettes et dans une logique d'efficacité et de performance, les MDC sont appelées à procéder au règlement des dépenses urgentes sur la base des recettes recouvrées. En régularisation et en compensation, des contrôles sont souvent effectués par les Services d'inspection du MINREX et du MINFI (DGTCFM). À l'occasion, il n'est pas exclu que soient constatées et mises en exergue les dérives et irrégularités pouvant donner lieu à des sanctions prévues par le *corpus juris*. Concrètement, cette situation est vécue dans les MDC du fait des dépenses générées en cas de secours apporté aux nationaux ou lors des tensions diplomatiques avec l'État hôte[302], ou encore d'aide ponctuelle liée à la sécurisation et la protection des autorités du pays hôte en cas de crise politique.

À l'usure du temps, l'expérience du fonctionnement des MDC aura démontré l'existence de vides juridiques significatifs assimilables à des manquements aux plans structurel et technique.

---

[301] Source : Entretiens.

[302] Voir dans ce sens le communiqué n° 33/ACMO/PSD/DSD du 3 novembre 2021 de l'Ambassadeur du Cameroun en Guinée Équatoriale.

b. Les limites d'ordre structurel

Structurellement, la comptabilité des MDC, à représentation multiple, constitue un interstice dans l'incertitude qui englobe les paieries de ces entités. En dépit de l'importance des activités[303] et du rôle de la paierie pour l'État en tant que sujet de droit international, l'installation des paieries dans chaque poste diplomatique peut s'avérer irréaliste et dispendieuse. Ce qui explique le recours récurrent à la représentation multiple et accentuée en ce qui concerne les services financiers des MDC. Au plan de la technique juridique, cette situation suscite cependant des interrogations quant à l'encadrement juridique et technique d'une telle organisation et à la structuration normative des activités accomplies dans ce cadre et plus loin celle de la solution à l'absence d'une politique « d'hyperprésence » des États à l'étranger. Les difficultés se font aussi ressentir dans le cadre des opérations des paieries allant d'une zone monétaire à une autre concernant les États ayant des monnaies différentes.

Pareillement, il y a lieu de souligner d'autres éléments de complexité, émanant du développement exponentiel des relations internationales, ayant favorisé la conclusion des traités spécialement en matière financière ou commerciale avec des effets et des impacts sur les opérations financières des États qui s'effectuent sur la base des instruments inadaptés. De toute évidence, le développement du droit communautaire axé sur l'harmonisation des droits exerce

[303]Y passent notamment, les transferts de fonds, les paiements internationaux, les transactions avec les paieries des autres représentations diplomatiques ou encore les services financiers des organisations internationales.

une très grande influence sur les opérations financières des MDC[304].

En réplique à ces questionnements, certains États tels que la France ont opté pour la colocalisation visant à moderniser et à rationaliser la présence de l'État et ses modes d'action. Aussi l'État procède-t-il à un calibrage des postes diplomatiques, ainsi qu'il suit :

- postes à missions élargies ;
- postes à missions prioritaires ;
- postes de présence diplomatiques.

En fonction de ces catégories, l'Ambassade ou le Consulat dispose des services précis. Dans cette logique, il est toutefois établi que les paieries sont créées et installées de façon à assurer concomitamment les services financiers de plusieurs postes diplomatiques. C'est ce qui lui vaut cette connotation communautariste à l'exemple, de la colocalisation diplomatique d'un centre médical commun entre l'Allemagne et la France à Pékin ou encore de la construction d'une Ambassade franco-allemande à Asmara[305]. Au bénéfice des États qui l'adoptent, cette formule présente l'avantage de la réduction des charges lorsque la représentation ne connait pas une grande activité. Une telle organisation facilite la prise en charge et la rationalisation des opérations en cours dans ces services, en réglant à la fois la question des sureffectifs ainsi que celle des services sans rattachement précis[306].

---

[304] TERRE F., *Introduction générale au droit,* Paris, Dalloz, 2 éd., 1994, p.252.

[305]www.france-allemagne.fr, consulté le 11 mai 2022.

[306] En réalité, cette adaptation ainsi que la rationalisation souhaitée devraient intégrer la nouvelle option communautaire ainsi que les évolutions des TIC.

c. Les limites d'ordre politique des paieries des MDC

Plus idéologique que naturelle, l'influence manifeste du pouvoir politique sur les paieries des MDC tient à ce qu'en tant que services techniques du Trésor, elles contribuent à la mise en œuvre des directives émanant de la sphère décisionnelle du politique. À première vue, elles ont une organisation technique similaire, mais une investigation plus approfondie permet de déceler des nuances qui sont le parfait reflet des priorités politiques de chaque État. De façon claire, il est observé que les comptes présentés ont des compléments ou des ajouts en fonction des orientations politiques de chaque État. À la différence des postes comptables internes, les paieries des MDC ont des compétences qui vont au-delà des frontières de l'État d'origine et de l'État d'accueil. À partir d'un échantillon assez illustratif de l'espèce, la singularité des pairies ressort de façon nette d'un État à un autre.

Aux États-Unis : ce grand État a des paieries qui ont des comptes particuliers destinés aux opérations de lutte contre le terrorisme, contre les attentats et le blanchiment d'argent ; aux opérations de suivi de l'activité des États stratégiques de tous les continents, au maintien et au renforcement de leur puissance, militaire, diplomatique et ainsi que du financement de l'aide aux peuples opprimés à travers le monde[307]. Au plan stratégique, les États-Unis sont restés le seul pays qui puisse intervenir dans n'importe quelle partie du monde, que ce soit pour des raisons économiques, militaires ou humanitaires[308] ; d'où leur surnom de gendarme du monde. Les États-Unis peuvent peser sur des négociations ou garantir les accords

---

[307]BOUVIER M, ESCLASSAN M, LASSALE JP., *Finances publiques, op. cit.,* pp 557-559.
[308] PORTES (J), *Les États-Unis aujourd'hui,* petite encyclopédie Larousse 2008.

internationaux même si leurs intérêts directs ne sont pas concernés. Les comptes créés pour ces opérations sont très bien approvisionnés et sont actifs ; il en est de même du compte destiné aux contributions aux Organisations internationales qui est d'une importance capitale, car il permet à cet État gigantesque d'influencer en permanence les décisions au sein desdites Organisations internationales et de peser sur toutes les institutions internationales spécialisées. L'exemple du FMI a été opportunément développé par certains chercheurs.[309]

Le Japon a des paieries ayant des comptes qui reflètent ses actions basées sur la protection de ses intérêts à l'étranger ainsi que sur la recherche de son influence dans la communauté internationale ; il recherche surtout le maintien de la sécurité et la dissémination rapide des innovations technologiques. En outre, les changements climatiques préoccupent aussi cet État qui soutient, au plan international, les initiatives y relatives. Grâce à ses opérations au sein des MDC, il lutte pour le maintien de la paix, la sécurité et assure la promotion de la diplomatie économique. Spécifiquement, le Japon finance l'aide au développement et les infrastructures (TICAD)[310]. Sa présence en matière de contribution et de participation aux organisations internationales est aussi remarquée ; le

---

[309]Le FMI est une organisation universelle qui regroupe 180 pays de la planète ; et en son sein, tous les membres ne sont pas égaux : certains sont moins importants que d'autres. Les droits de vote étant répartis au prorata des quotes-parts des pays membres dans le capital du fonds, les grandes puissances économiques y jouent un rôle essentiel, au premier rang desquelles, il faut naturellement compter les États-Unis qui, en dépit d'un amenuisement relatif de leur part, détiennent en fait, un droit de véto sur les décisions les plus importantes.
BOUVIER M, ESCLASSAN M.C, LASSALE JP., *Finances publiques*, *op. cit.,* p.558.
[310] TICAD-Conférence de Tokyo sur le développement de l'Afrique.

financement de ces activités est assuré par l'État central et les paieries assurent le bon suivi à destination des fonds[311].

La France : possède des paieries dans les MDC dont l'activité s'aligne sur les orientations du gouvernement. Les opérations identifiées portent sur les actions extérieures de l'État relevant des priorités arrêtées par le gouvernement, on y distingue les comptes particuliers suivants :

- le compte destiné au paiement des pensions de retraite des anciens combattants, et mutilés de guerre de l'époque coloniale installés hors de la France (Sénégal, Algérie, Cameroun, Togo…). Il s'agit d'un héritage des charges coloniales que supporte encore l'État français resté fidèle à ses engagements ;
- le compte entretien, réhabilitation et restauration des édifices historiques français à l'étranger ;
- le compte destiné aux opérations de développement de la culture, il permet de soutenir l'implantation et l'expansion culturelle française à l'étranger. Il recouvre toutes les actions liées au développement artistique et culturel de la France à l'étranger comme la création des instituts culturels et les lycées français ;
- le compte participation aux activités des communautés ; ce compte a un volume des fonds importants au regard de l'activité communautaire actuelle de la France qui comme dans bien d'autres pays a pris de l'importance et du relief ;
- le compte suivi des activités de la Francophonie n'est présent que dans certaines paieries logées dans les MDC des pays qui ont adhéré à ce mouvement ;

---

[311] cf. Livre bleu diplomatique 2019, version résumée ministère des Affaires étrangères du Japon.

- le compte relatif à la gestion immobilière, acquisition, rationalisation de la gestion, paiement des travaux d'entretien, frais locatifs.[312]

Ce dernier compte à l'utilité avérée est retrouvé en format plus grand dans les paieries des missions diplomatiques et consulaires de certains États arabes qui ont opté pour des acquisitions d'immeubles dans les zones stratégiques des plus grandes villes du monde à l'effet de les mettre en location ou de les céder le moment venu à des prix intéressants[313].

La ***Turquie*** et ***la Chine*** ont des comptes spécifiques portant sur la conquête de nouveaux marchés ou espaces économiques à travers le monde. Ce compte se retrouve aussi généralement dans les pays tels que l'Allemagne, le Canada, le Maroc, la Tunisie, l'Espagne, le Brésil, la Corée du Sud.

Le ***Canada*** a des comptes créés pour supporter les activités de développement et d'assistance humanitaire, d'échanges commerciaux[314] et des contributions aux

---

[312] Voir Gestion des représentations diplomatiques 2016-2018, Wikiversité.

[313]Cette structuration spéciale des comptes des paieries françaises évoque celle de certains pays européens tels que l'Allemagne qui a eu recours aux opérations dépendant de l'État, mais ayant une autonomie plus ou moins importante et constitue en effet le modèle le plus fréquent de diplomatie culturelle dans le monde actuel en partie inspiré des pratiques anglo-saxonnes. Ces opérations peuvent être nombreuses, mais avec des spécialisations diverses dans un même pays. Ainsi en est-il de l'Allemagne avec l'Institut Goethe pour l'apprentissage linguistique et les échanges culturels, le Deutsche *Akademischer Austauschdienst*, la *Friderisch Eber Stiftung* ou encore la Konrad Adenauer. Pour le cas des langues encore, on relèvera l'existence du British council pour le Royaume-Uni et de l'Institut Cervantès pour l'Espagne.

[314] ECKLY P., *Droit du commerce international,* Paris, Ellipses, 2005, 65 p.

Organisations internationales, aux Nations Unies, à la Francophonie, au Commonwealth. Cette dernière activité est inhabituelle, en dehors des pays tels que le Cameroun. Il est quasi impossible de trouver un État qui à la fois adhère au Commonwealth et à la Francophonie.

Les autres États ont, pour la plupart, des paieries qui disposent des comptes aux couleurs de leurs orientations politiques, économiques et sociales. Les paieries des États d'Afrique Noire ont des comptes destinés au suivi de la dette, à la recherche des financements, à la sécurité, aux bourses, à la promotion économique, à la recherche des partenaires et à diverses aides.

Au total, l'intérêt et la valeur ajoutée des enseignements tirés de ces développements résident dans le fait qu'ils permettent d'établir la réalité d'une multitude de comptes dans les MDC qui varient d'un État à l'autre, en dehors des comptes consacrés à la coopération militaire et à la sécurité[315] qui, dans toutes les paieries, sont les plus constants et mouvementés ; on note ces derniers temps, dans ces paieries, l'existence des comptes dédiés à la sécurité, à la promotion économique, à l'investissement et à la santé, COVID-19 oblige.

Cette activité sanitaire autrefois intégrée dans le sous compte « aide aux indigents », ou dans le compte des autres dépenses, selon le cas, a plusieurs volets qui poussent à penser qu'actuellement, il mérite d'être éclaté et érigé en compte pour rester conforme au principe sacrosaint de sincérité budgétaire et comptable.[316]

---

[315] Voir décret n° 2012/149 du 21 mars 2012 portant création et organisation des missions militaires dans les postes diplomatiques du Cameroun à l'étranger.
[316] Article 98 du décret n° 2020/375 du 7 juin 2020 portant règlement général de la comptabilité publique.

On peut donc affirmer que l'organisation technique des paieries des MDC est dynamique motif pris de ce qu'elle repose sur des facteurs techniques et des impératifs politiques. Les États les utilisent dans le prolongement et la mise en œuvre de leur politique. C'est dans ce sens qu'il faut comprendre l'affirmation de Michel BOUVIER selon laquelle, « *le Trésor est un acteur important de la diplomatie monétaire française* »[317]. Il s'agit certes de concrétiser et d'assurer le suivi à l'étranger d'une politique publique d'État. À ce titre, ces comptes résultent des ambitions nationales formulées à l'échelle gouvernementale, mais la multiplication des acteurs, des enjeux politiques, intellectuels, commerciaux et économiques en font une interaction internationale marquée par l'interdépendance complexe, mais toujours pilotée par l'acteur étatique qui est leur créateur.

Par ailleurs, l'analyse comparée effectuée sur la nomenclature générale des comptes du Trésor[318] démontre que les comptes des paieries des MDC sont spécifiques. Certains s'inscrivent par leur codification dans la logique du plan comptable de l'État, d'autres semblent être en recul par rapport à ce référentiel et sont même inexistants dans ce plan comptable. L'exploitation des données par les services centraux s'en trouve souvent compliquée et dans le cadre de l'accomplissement de cette tâche technique, ces services recourent à des tables de correspondance.

Au terme de cette analyse théorique et pratique de l'organisation des paieries des MDC, il faut convenir de l'importance de ces structures dans la gestion financière et comptable et dans le suivi des dépenses de l'État à

[317] BOUVIER M., ESCLASSAN M.C, LASSALE JP., *Finances Publiques*, *op. cit.*, p.558.

[318] Nomenclature des comptes du Trésor au Cameroun, Ed. 2020, Instruction n° 2001/MINFI/DGTCFM/CLC du 10 janvier 2020 portant nomenclature des comptes du Trésor pour l'exercice 2020.

l'étranger comme le résument Michel BOUVIER, Marie-Christine ESCLASSAN et Jean-Pierre LASSALE[319]. Reste que cette fonction du Trésor soulève plusieurs questions qui guident toujours l'action du Payeur de la MDC :

- *quels sont les différents besoins de trésorerie ?*
- *Comment peut-il répondre à ces besoins de trésorerie ?*
- *À quelle source de financement peut-il faire appel ?*
- *Quel est l'état de la Trésorerie ?*

Ce qui précède montre qu'il y a toujours dans une caisse, ces mouvements et des fluctuations dues au décalage entre le rythme des dépenses et celui des recettes évoquant étrangement la situation d'un cours d'eau dans lequel on observe une alternance entre les périodes de décrue (manque de ressources) et de crue (aisance financière). Le payeur (ou le Trésor) doit disposer en permanence d'un fonds de roulement qui lui permet de répondre aux besoins les plus urgents. C'est le « matelas de sécurité » de l'État, en liaison étroite avec la Banque Centrale qui constitue un maillon essentiel du circuit de transfert de fonds, d'un État à un autre ou d'une zone monétaire à une autre.[320] Cette activité rentre dans les fonctions quotidiennes du Trésor public qui est un organisme public chargé des ressources financières de l'État. Il se confond d'ailleurs juridiquement à cette entité et ne possède pas de personnalité juridique propre. Il gère particulièrement le recouvrement de la majeure partie des impôts et recettes ainsi que la comptabilité des personnes morales de droit public et trois fonctions lui sont assignées en permanence.

---

[319] BOUVIER M, ESCLASSAN M.C, LASSALE J.P, *op.cit.,* p.513.

[320] Les paieries des MDC traitent dans les opérations de transfert de fonds et de paiement avec les Banques centrales (Banque centrale européenne, Banque centrale d'Angleterre, BEAC, BCC, BNS).

- La fonction de caisse : il gère le compte de l'État à la Banque Centrale, paie les dépenses qui sont prescrites par les autres services de l'État ;
- la fonction comptable : il établit la comptabilité de toutes les personnes morales de droit public (État, CTD) ;
- la fonction financière : il émet des emprunts ou en mobilise les dépôts effectués par les correspondants du Trésor.[321]

Au Canada, il est appelé le Conseil du Trésor, structure qui éclipse le ministère des Finances dans ce pays d'Amérique avec des pouvoirs étendus à l'évaluation des politiques publiques.[322]

Le passage en revue des comptes de recettes et des dépenses permet d'avoir une idée précise de la complexité des opérations financières des MDC qui sont des structures administratives et qui ont forcément besoin pour leur épanouissement de dotations financières conséquentes pouvant assurer leur fonctionnement. En outre, le besoin en dotations financières se justifie également à travers le fait que la réactivité des MDC dépend aussi de la disponibilité des moyens dans leurs opérations tant à l'extérieur qu'à l'intérieur du territoire national.

On observe enfin que les crédits de fonctionnement, qui généralement font l'objet de transferts trimestriels par certains pays et semestriels par d'autres, sont pour la plupart destinés au paiement des agents publics, des loyers, des différentes factures d'eau, d'électricité, de téléphone,

---

321 WASERMAN (F), *Les finances publiques*, Éditions La Documentation Française, 2018, pp. 9-60.

322 Au Canada, le Conseil du Trésor procède à un examen stratégique des dépenses directes et du rendement de chaque ministère pour un cycle de quatre (4) ans. Il évalue le rendement des administrations et les fonds qui leur sont alloués.

d'abonnement à divers journaux et des prestataires. De nouveaux matériels roulants, de mobiliers ou toute autre infrastructure indispensable au bon fonctionnement de la représentation diplomatique font souvent l'objet de délégations spéciales de crédits.

Le responsable chargé des affaires financières dispose aussi dans la limite des crédits dont il assure la gestion, des possibilités d'ouverture des régies d'avances pour les dépenses de montant modeste devant servir à couvrir les opérations urgentes de moindre importance. Il est assisté dans sa charge d'un attaché financier qui tient le livre journal de la représentation.

L'autre particularisme de cette matière réside dans les recettes consulaires qui sont spécifiques aux MDC. Elles sont issues des différentes prestations du service consulaire de la représentation diplomatique. En effet, la délivrance des passeports et des cartes consulaires au profit des ressortissants du pays représenté, des visas à tous les étrangers, de même que la légalisation des pièces d'état civil ou de tout autre document administratif ou particulier nécessitent le paiement des droits de timbre et des autres qui sont comptabilisés par le responsable des affaires financières de la représentation. Ces fonds sont signalés, et en principe, transférés au fur et à mesure de leur importance à la Direction générale du Trésor (MINFI) accompagnés d'une comptabilité séparée. Pour leur utilisation directe par les MDC, il faut une autorisation expresse du ministre des Finances. Sur ce dernier aspect, des incompréhensions persistent et demeurent entre certains acteurs sur leurs destinations et la façon dont devrait s'effectuer leur comptabilité. Toute chose qui révèle l'existence de failles dans la muraille que constituent les paieries pour la diplomatie financière des États.

Conclusion du chapitre

Au terme de l'analyse, il y a lieu de souligner que l'exécution du budget s'effectue en phases traditionnelles ou classiques puis exceptionnelles basées sur les pratiques et procédures dérogatoires ou l'engagement et l'ordonnancement ont un caractère simultané et directement examiné par le contrôle financier. La procédure normale qui est la plus utilisée est faite de redondance à même de causer des retards[323] et des pertes de crédits.

Dans cette phase, la paierie d'ambassade ou de consulat joue un rôle déterminant dans la remontée de l'information budgétaire et dans la gestion des archives. Pour ce qui est de la remontée de l'information budgétaire, la paierie détient la totalité de l'information attendue dans les services centraux et à la Chambre des comptes de la Cour suprême. En outre, elle procède aussi à l'archivage et à la conservation des documents comptables et budgétaires de la mission. Cette dernière activité incombe à tous les comptables publics et assimilés. L'activité porte essentiellement sur certaines pièces jugées fondamentales[324]. En toute évidence, ces archives doivent

---

[323]On observe aussi la pratique courante dans les MDC des dépenses sans ordonnancement préalable (paiements anticipés réalisés sur la base d'un simple bon d'engagement par l'urgence) les sommes en jeu sont parfois élevées.

Par ailleurs, la pratique des ordres de paiement non accompagnés de pièces justificatives et non réalisés dans les MDC. Enfin, la récurrence dans les MDC des phénomènes des impayés dont l'accumulation est significative. Sans méconnaitre le particularisme des opérations propres aux MDC, il est indiqué d'entreprendre leur encadrement juridique et technique.

[324] Pour ce qui est du premier groupe, il s'agit des ordres de recettes, les mandats, les souches de quittance, les livres journaux et les registres auxiliaires. Dans le deuxième, l'on évoque les certificats de recettes, les certificats de dépenses, les bordereaux sommaires, les états financiers… On peut aussi évoquer dans le cadre du troisième groupe, les éléments

faire l'objet d'un classement basé sur le volume et la nature des dossiers. De même, la conservation et le rapatriement de ces archives doivent s'effectuer de façon régulière et méthodique[325].

En tout état de cause, une réflexion dense et plus approfondie allant dans le sens d'une meilleure connaissance de ces structures, de leurs compétences et de leurs moyens est à poursuivre en ce qui concerne les paieries des MDC. Car elle permettrait de mieux asseoir l'effectivité des principes de sincérité et de transparence déjà consacrés en finances publiques. Pour autant, la concrétisation de la politique étrangère d'un État passe inévitablement par l'exécution du budget des MDC dans laquelle les paieries n'ont pas un rôle résiduel.

du compte de gestion notamment : la balance des comptes, les états de restes à payer, les états de restes à recouvrer…

[325] La conservation et le rapatriement réguliers doivent être faits pour des besoins :

- de justification des droits des personnes physiques et morales ;
- d'audit, de contrôle et de certification des comptes publics ;
- de recherche et de documentation.

CHAPITRE II

LE CONTRÔLE DE L'EXÉCUTION DU BUDGET DES MISSIONS DIPLOMATIQUES ET CONSULAIRES

Le contrôle des finances publiques est une problématique consubstantielle à la marche des sociétés[326]. Elle se pose avec acuité, n'épargnant aucun pays qui se réclame de l'État de droit et de la démocratie. Sous ce rapport, on convient avec Gérard CORNU qui conçoit le contrôle, comme une opération consistant à vérifier si un organe public, un particulier ou un acte respectent ou ont respecté les exigences de leurs fonctions ou des règles qui s'imposent à eux. Il en va ainsi du contrôle de régularité[327]. Dans un sens analogue, Francis-Jean FABRE conclura dans le sillage de Michel BOUVIER [328]que le contrôle correspond à l'idée de vérification, renvoyant elle-même, au fait de s'assurer qu'une chose est bien telle qu'on l'a déclarée ou telle qu'elle doit être par rapport à une norme donnée[329].

---

[326] GRANDGUILLAUME N., *Théorie générale du contrôle*, Paris, Economica, 1994, 187 p.

[327] CORNU G., *op. cit*, p. 263.

[328]Selon BOUVIER, le contrôle s'entend de « *la vérification des écarts entre les prévisions et les réalisations dans l'exécution du budget* »[328] des MDC. C'est faire des investigations et mener des recherches sur la sincérité et l'exactitude d'un fait, d'une pièce ou d'une situation[328]. Toujours pour lui, il s'agit des opérations de recherches et d'analyses. BOUVIER M., *Finances locales*, Paris, LGDJ, 12e éd., 2008, p. 104.

[329]Il s'agit des vérifications a *priori* en cours d'exécution ou a *posteriori* selon le cas, par l'Administration elle-même (ministère chargé des finances, de l'économie, inspection générale, contrôle des Finances),

Classiquement, le contrôle des finances publiques des MDC porte sur la régularité et la légalité de l'exécution du budget, mais en vertu de la double exigence managériale et démocratique de performance, les MDC n'échappent pas aux exigences d'efficacité et d'efficience dans la mise en œuvre des politiques publiques[330].Pour mieux en saisir la pratique et les enjeux, il importe de s'intéresser à la forme non juridictionnelle du contrôle des finances des MDC (**Section I**) avant de se pencher sur sa modalité juridictionnelle (**Section II**).

Section I : le contrôle non juridictionnel

Le contrôle non juridictionnel des finances des MDC présente deux variantes, à savoir : une variante administrative et une variante politique. Selon les cas, on parle alors de contrôle administratif (**Paragraphe I**) et de contrôle politique (**Paragraphe II**).

Paragraphe I. Le contrôle administratif

Le contrôle administratif est une vérification exercée par l'État à l'endroit de ses structures et autres personnes publiques ou privées. Ainsi, il s'agit d'une « *activité permettant aux services spécialisés du pouvoir exécutif de s'assurer du respect de la régularité des opérations financières, budgétaires et du patrimoine de l'État,*

---

par les organes spécialisés (Cour des comptes, Chambres régionales des comptes, CDBF et CONSUPE) ou encore par le Parlement (Sénat, Assemblée Nationale) après le vote de la loi de finances et avant sa promulgation de cette loi pour en vérifier la conformité avec le bloc de constitutionnalité. FABRE J.-F., *Le contrôle des finances publiques*, Paris, PUF, 1968, p.8. Voir également MICHEL P, les finances publiques de A à Z, Paris, Éd. ESKD, 1998, p.64.

[330]V. BARILARI A., *Les contrôles financiers comptables, administratifs et juridictionnels des finances publiques*, Librairie Eyrolles, 2003, 180 p.

d'évaluer la performance des administrations et de prévenir les risques de toute nature »[331]. Il est dit administratif du fait de la nature des organes ou des pouvoirs déployés pour l'exercer. Il peut s'exercer tant *a priori* qu'*a posteriori*.

En clair, le contrôle administratif[332] consiste en un contrôle de régularité et de performance. Sa matérialisation implique la réalisation des missions d'audit de la gestion des administrations publiques menées par les services spécialisés de l'exécutif. Les MDC étant comptées parmi les administrations publiques soumises à ce contrôle, l'application à l'espèce amène à préciser qu'*« un contrôle de régularité et de performance ainsi que des missions d'audit de la gestion des Missions diplomatiques et consulaires sont menés par les services spécialisés compétents de l'Exécutif »*. Concernant sa consistance, d'après les dispositions du décret portant règlement général sur la comptabilité publique, « *le contrôle administratif comprend : le contrôle financier ; le contrôle comptable ; le contrôle de gestion ; le contrôle de performance ; l'audit* »[333]. Suivant les administrations chargées d'exercer ce contrôle dans l'un de ses aspects, il peut être systématisé en termes de contrôle interne (**A**) et de contrôle externe (**B**).

A. L'articulation du contrôle administratif interne

Il est dit interne en ce sens qu'il est exercé par l'administration contrôlée à travers les services du secteur de la vie administrative concerné. Il s'agit en l'espèce du ministère des Relations extérieures, de ses services

---

[331] Art. 2, décret n° 2013/159 du 15 mai 2013 portant règlement général sur la comptabilité publique modifié par le décret n° 2020/375 du 7 juillet 2020, préc.

[332] Article 84 de la loi portant régime financier de l'État de 2018.

[333] Art. 123 décret n° 2013/160 du 15 mai 2013 portant règlement général sur la comptabilité publique.

compétents et des Missions diplomatiques et consulaires elles-mêmes. Plus précisément, il s'agit du contrôle financier, du contrôle des comptables et des inspections. Les actes, objet de ce contrôle, sont généralement de nature à engager financièrement l'État ou les actes à effet financier (recrutement, gestion du personnel, engagement financier…). Le contrôle interne a pour objet la régularité budgétaire, le contrôle de l'imputation budgétaire, le contrôle de la disponibilité des crédits, le contrôle de l'exactitude de l'état[334].

Le ministre des Relations extérieures, ordonnateur en chef du budget du département, exerce en cette qualité un contrôle partiel sur l'activité budgétaire des MDC. Bien plus, en tant que supérieur hiérarchique des autorités diplomatiques, le contrôle qu'il exerce est un contrôle hiérarchique. Ce dernier, compté comme le plus important des modes administratifs de contrôle interne du budget, s'analyse comme celui qu'*« exerce le supérieur hiérarchique sur les agents chargés d'exécuter les crédits qui sont délégués et sur lesquels les sous-ordonnateurs émettent des mandats »*[335].

S'agissant des services financiers du MINREX, d'après le décret portant organisation du ministère des Relations extérieures, la Sous-direction en charge du Budget, le Service du Budget, les Bureaux de l'exécution du Budget (de fonctionnement et d'investissement) sont chargés,

---

[334] GAFFAUX P., « Les contrôles administratifs et financiers de l'action administrative », *Revue de droit de l'Université Libre de Bruxelles*, 2010.

[335] TOURE C., « Le système de contrôle des finances publiques au Mali », in *Afrilex* n°4, http://www.afrilex.u-bordeaux4.fr, p. 155.

chacun en ce qui le concerne, du suivi et de l'exécution du Budget du département[336].

Dans ces dispositions, même si le contrôle n'y est pas mentionné, il n'en demeure pas moins que les fonctions indiquées revêtent un aspect du contrôle. En effet, le suivi constitue un aspect du contrôle du budget ; cela d'abord en raison de sa définition. Le dictionnaire de la langue française, le Larousse, définit le suivi comme le *« contrôle permanent sur une période prolongée »* À l'évidence donc, cette tâche de suivi de l'exécution du Budget du MINREX, confiée à ses services compétents, participe de leur fonction de contrôle du budget des MDC, partie intégrante du Budget de ce département ministériel.

Bien plus, il est clair que l'exécution revêt deux aspects, à savoir : son opérationnalisation et son contrôle. Il apparaît donc qu'en disposant que la Sous-direction en charge du Budget, le Service du Budget, les Bureaux de l'exécution du Budget (de fonctionnement et d'investissement) sont chargés, chacun en ce qui le concerne, de l'exécution du Budget du département, l'autorité réglementaire confiait à ces services, implicitement, mais certainement, la fonction de contrôle du Budget dudit département ministériel. Le contrôle interne peut aussi être exercé par l'inspection générale du MINREX de façon inopinée ou programmée, dans le cadre des missions de contrôle statutaires au terme desquelles un rapport est établi et transmis :

- au MINREX ;
- aux Services du Premier ministre ;
- au ministre délégué à la Présidence chargé du Contrôle supérieur de l'État.

[336]Art. 166 et 167 du décret portant organisation du ministère des Relations extérieures sus-cité.

Par ailleurs, le contrôle du Budget est aussi assuré par les Missions diplomatiques elles-mêmes à plusieurs niveaux. D'abord, les chefs de Missions diplomatiques, en tant qu'ordonnateurs du Budget, assurent un certain contrôle budgétaire. Auprès de la Mission est placé un payeur qui en assume le rôle de comptable. Dans le cadre de cette fonction, celui-ci exerce une fonction de contrôle des opérations relatives à l'exécution du budget de la Mission diplomatique concernée. En ce qui concerne les MDC, le service de la comptabilité est incarné par la Paierie auprès de ladite Mission. Placée sous l'autorité d'un payeur et comme souligné *supra,* cette dernière est chargée : *« de la tenue de la comptabilité ; du contrôle et du règlement des dépenses des Missions diplomatiques ou consulaires ; des opérations de recouvrement et d'encaissement des recettes ; de la production des États de synthèse »*[337]. *Il faut noter ici que ce service de la paierie auprès des missions diplomatiques, « ... s'occupe du contrôle de la régularité budgétaire de la dépense... »*[338].

Aussi convient-il de préciser que bien que la paierie constitue un *« service extérieur du ministère des Finances »*, elle est partie intégrante de la Mission. C'est pourquoi le contrôle exercé par elle est appréhendé comme procédant du contrôle interne. Il faut tout de même noter que le contrôle du budget des MDC ne se limite pas à cet aspect interne ; il présente également une dimension externe.

B. La déclinaison du contrôle administratif externe

Le contrôle des finances des MDC n'est pas seulement exercé par les services internes au secteur de la diplomatie.

---

[337]Art. 436 du décret portant organisation du MINFI.

[338]KOUMA J. C., *L'encadrement des ressortissants camerounais par l'ambassade du Cameroun à Bruxelles*, Rapport de stage, Master 1, Université de Yaoundé II, 2010, in http://www.memoireonline.com/

Plusieurs administrations autres que celles de ce secteur sont impliquées à l'objectif de bonne gouvernance financière des MDC, celles-ci assurent ce qu'il est convenu de qualifier de contrôle externe.

Parmi les administrations concernées, on peut citer le MINFI, le ministère de l'Économie et de la Planification du territoire, les Services du contrôle supérieur de l'État, l'Agence nationale d'investigation financière, la Commission nationale anticorruption.

Relativement au rôle du ministère des Finances : il faut souligner, sans aller plus avant, que les contrôles techniques effectués par le MINFI portent sur l'utilisation des crédits délégués aux Ambassades, notamment la mission et la délégation de chaque responsable (attaché militaire, commercial, touristique, culturel) ; des crédits délégués pour les missions auprès des Consulats ; les crédits délégués pour les missions auprès des Nations Unies ou des communautés.

Ce contrôle porte tout d'abord sur la conformité des procédures, leur légalité et la compatibilité. Il porte sur la régularité, la qualité de la dépense, l'effectivité des prestations et la performance des administrations vérifiées. Il se heurte techniquement à la confusion des comptes entre les Ambassades et les Consulats destinataires de délégation des crédits délégués dont le payeur assure la gestion.

À travers le décret du 28 février 2013, le ministère des Finances a reçu mission d'assurer le suivi et le contrôle de l'exécution du budget de l'État[339] et donc de celui des Missions diplomatiques et consulaires. À cet effet, le ministre des Finances adresse trimestriellement au Premier ministre un rapport de contrôle ainsi qu'un rapport

---

[339]Art. 1 al. 2 (a) du Décret n°2013/006 du 28 février 2013 portant organisation du ministère des Finances.

d'activités. Ce département ministériel assure cette mission de contrôle à travers des structures adéquates, notamment l'inspection générale, les inspections des services, les contrôles financiers, de la Direction générale du budget, de la division du contrôle des opérations budgétaires, de l'audit et de la qualité de la dépense.

L'Inspection générale du MINFI comporte un Inspecteur général des services des régies financières, un inspecteur général des services administratifs et budgétaires. Chaque Inspection générale est chargée du contrôle et de l'évaluation des performances des services par rapport aux objectifs fixés en liaison avec le Secrétaire général ; du contrôle interne et de l'évaluation du fonctionnement des services centraux et déconcentrés, des établissements ou organismes sous tutelle, ainsi que des projets rattachés ; de l'exploitation des rapports d'activités trimestriels des inspections nationales de son champ de compétence ; de l'information du ministre sur la qualité du fonctionnement et du rendement des services concernés ; de l'évaluation de l'application des techniques d'organisation et méthodes ainsi que de la simplification du travail administratif en liaison avec les services compétents de la réforme administrative ; de la stratégie de la lutte contre la corruption. L'inspection générale comprend, outre les inspecteurs généraux, un certain nombre d'inspecteurs spécialisés[340] notamment y prennent une part active aux opérations de vérification et de conformité, conformément au texte organique du MINFI.

Dans l'exercice de leurs fonctions, les inspecteurs ont le droit d'accès à tous les documents des services contrôlés.

---

[340] Il s'agit concrètement d'un inspecteur chargé des services fiscaux, d'un inspecteur chargé des services du trésor d'un inspecteur chargé des services douaniers, d'un inspecteur chargé des services administratifs, d'un inspecteur chargé des services budgétaires.

Au cours de l'exercice, ils peuvent être saisis des dénonciations et cela peut déclencher des contrôles inopinés ou alors de façon statutaire, des contrôles et vérifications des MDC peuvent être organisés sur place.

Les contrôles financiers auprès des MDC. D'après le décret fixant les attributions et l'organisation des contrôles financiers, les contrôles financiers peuvent être créés par arrêté du Président de la République auprès des Missions diplomatiques[341]. Les contrôleurs financiers placés sous l'autorité du ministre des Finances sont nommés par arrêté du Premier ministre. Auprès des Missions diplomatiques, ils ont rang de deuxième conseiller d'ambassade et premier secrétaire d'ambassade[123]. D'après le Décret sus rappelé, le contrôle financier auprès des Missions diplomatiques comprend : un Bureau des engagements et un Bureau des visas[342].

Les contrôleurs financiers sont chargés d'assurer le contrôle des actes administratifs générateurs de recettes et de dépenses pris par les Chefs de MDC[125]. Au détail, les contrôleurs financiers ont d'importantes missions dont :

- le contrôle du visa de tous les actes d'engagement juridique et comptable ayant une incidence financière sur le budget de l'État ou de l'établissement public concerné à l'exclusion des conventions ;
- le contrôle de l'accréditation des gestionnaires des crédits et des gestionnaires-liquidateurs ;
- le contrôle des engagements et du rythme de consommation des crédits ;
- la tenue du fichier du personnel des services auprès desquels ils sont placés ;

[341]Art. 1er décret n°77/41 du 3 février 1977 fixant les attributions et l'organisation des contrôles financiers

[342]Art. 435 du décret portant organisation du ministère des Finances.

- l'émission des titres de voyage (réquisitoires) ;
- le contrôle de la régularité des décomptes des marchés passés par les services de leur ressort ;
- le contrôle et l'apurement des comptabilités des régisseurs d'avances et des comptables matières ;
- le contrôle de l'exécution du budget en général.

La Direction générale du Budget a pour mission d'assurer le contrôle, l'audit et l'évaluation des programmes dans le cadre du budget de l'État[343] ; cette Direction générale comprend en outre une division du contrôle budgétaire, de l'audit et de la qualité de la dépense. Il s'agit d'une structure chargée de l'audit et du contrôle budgétaire »[344] ; elle effectue des missions ponctuelles et statutaires d'enquête et de recherche [345]dans toutes les administrations publiques et les organismes bénéficiaires des financements de l'État.

La Direction générale du Trésor effectue aussi le contrôle des paieries des MDC, essentiellement par l'Inspection générale du Trésor (IGT) qui est une structure relevant de l'Administration centrale sous l'autorité technique de l'Inspection générale du ministre des Finances et rattachée administrativement à la Direction générale du Trésor (Directeur général du Trésor). L'Inspection générale du Trésor est chargée :

- du suivi de l'application par les services du Trésor public des textes législatifs et réglementaires régissant leur domaine ;
- du contrôle des opérations des postes comptables et des services ;

[343]Art. 34 du décret 2013/066 sus-cité.
[344]Art. 66 du décret précité.
[345]Art. 66 précité.

- d'une mission générale d'audit auprès de l'ensemble des services du Trésor ;
- de toute mission à la demande du DGTFM ou du ministre des Finances[346].

Au plan technique, les contrôles des paieries sont différents de ceux des autres services financiers. Ils peuvent être comptables *stricto sensu* ou alors être des contrôles de conformité, de performance ou même financiers. De même, ils peuvent être inopinés ou programmés et statutaires et sont sanctionnés par un rapport ou un procès-verbal signé contradictoirement par le vérificateur et l'agent vérifié alors que les missions d'audit sont sanctionnées par un rapport d'audit signé exclusivement par l'auditeur.

Le contrôle de la gestion comptable porte sur :

- les disponibilités ;
- les valeurs inactives ;
- les mouvements de fonds ;
- la tenue de la comptabilité ;
- la situation budgétaire ;
- la production des comptes de gestion ;
- les opérations de recettes ;
- les valeurs inactives ;
- la gestion patrimoniale.

Le contrôle de gestion financière, d'audit et managérial porte sur :

- la recherche de l'efficacité dans le travail ;
- les moyens et l'environnement de travail ;
- la mise en œuvre des objectifs de qualité ;

---

346 Décret n°2013/006 du 28 février 2013 portant organisation du ministère des Finances.

- les ressources humaines ;
- les moyens matériels et financiers ;
- les biens mobiliers et immobiliers ;
- la gestion matières ;
- la situation de la commande publique.

Les recommandations et conclusions portent souvent sur les faiblesses constatées, les fautes de gestion assorties de sanctions (mise en débet par exemple) et de mesures coercitives.

S'agissant de l'ANIF, elle constitue un service de renseignement financier doté d'une autonomie financière et d'un pouvoir de décision dans les matières relevant de sa compétence[347]. Selon son cadre organique, l'ANIF a pour mission : de recevoir, de traiter, le cas échéant, de transmettre aux autorités judiciaires, tous les renseignements propres à établir l'origine des sommes ou la nature des opérations faisant l'objet de déclaration de soupçon au titre de la lutte contre le blanchiment des capitaux et le financement du terrorisme ; d'obtenir des informations utiles à sa mission des autorités judiciaires et de contrôle des assujettis ; de constituer une banque de données contenant toutes informations utiles concernant les déclarations de soupçon prévues par le Règlement, les opérations effectuées ainsi que les personnes ayant effectué l'opération, directement ou par personne interposée[348]. Cette mission de l'ANIF n'épargne aucune administration, y compris les MDC.

Organisé sur le fondement du décret du 4 septembre 2013, le CONSUPE exerçait de façon monopolistique le contrôle des finances étatiques en tant que ISC. Nonobstant

---

[347]Art. 2 al.1 n°2005/187 du 31 mai 2005 portant organisation et fonctionnement de l'Agence Nationale d'Investigation Financière.
[348]Art. 3 du décret n°2005/187 portant organisation de l'ANIF.

les discussions entretenues à ce sujet par la doctrine[349], le CONSUPE se voit attribuer la charge globale d'assurer l'audit externe[350]. De manière spécifique, les services du CONSUPE ont pour mission parmi tant d'autres :

- le contrôle de l'exécution du budget de l'État ;
- le contrôle de la qualité des rapports d'audits effectués pour le compte de l'État par les cabinets privés.

Dans l'exercice de ses missions, le CONSUPE peut effectuer en amont un contrôle de conformité, de régularité ou de performance[351]. Le contrôle est effectué sur pièce et sur place[352]. En aval des vérifications sus-citées, le CONSUPE concourt à la sanction des ordonnateurs et gestionnaires des deniers publics dans le cadre du conseil de discipline budgétaire et financière[136]. Les Chefs de missions diplomatiques étant des ordonnateurs, ils sont par conséquent « justiciables » devant cette institution. Il en est de même des payeurs auprès des Missions diplomatiques et consulaires qui sont selon les cas gestionnaires et comptables des deniers publics.

En aval, l'action du CONSUPE est parachevée par le CDBF. L'essentiel de son action réside dans l'article 17, alinéa 2 du décret relatif au CDBF qui dispose que *« Si le conseil estime qu'indépendamment des sanctions pécuniaires infligées ou proposées par lui, une sanction disciplinaire est encore susceptible d'être encourue, il*

---

[349]Une partie de la doctrine conteste cette érection du CONSUPE en ISC, car, estime-t-elle, cette qualification est due à la Chambre des comptes.

[350]Art. 2 al. 1 du décret n°2013/287 du 4 septembre 2013 portant organisation des services du Contrôle supérieur de l'État.

[351] Services du Contrôle supérieur de l'État, *Guide du vérificateur,* Yaoundé, 2008.

[352]Art 2 al.4 du même décret. [136] Art. 3 du même décret.

communique le dossier accompagné d'un avis en ce sens à l'autorité ministérielle dont relève l'agent et à celle investie du pouvoir disciplinaire ». Le Conseil est un organe disciplinaire spécial dont le rôle est de sanctionner les irrégularités observées dans l'exécution des opérations budgétaires par les ordonnateurs, et les payeurs auprès des MDC. Compétent en matière de faute de gestion, il est doté d'un pouvoir décisoire lui permettant de prononcer à l'encontre des mis en cause des sanctions disciplinaires, à savoir : des mesures de déchéance ou de mise en débet.

La CONAC est-elle aussi compétente en matière de contrôle des finances des MDC ? Créée par décret du 11 mars 2006, la CONAC est chargée de la lutte contre la corruption[353]. À ce titre, elle est chargée de mener toutes études ou investigations et de proposer toutes mesures de nature à prévenir ou à juguler la corruption[354].

À côté de ce contrôle administratif, il existe un contrôle politique des finances des MDC.

Paragraphe II. Le contrôle politique

« *La nature d'un contrôle est fonction non moins du statut de l'organe qui l'exerce, que de la finalité qu'il poursuit* »[355]. C'est dire que l'appréhension du contrôle politique peut avoir une connotation soit organique, soit finaliste. Tout compte fait, c'est un contrôle généralement exercé par les organes à la stature politique et dont l'action a une finalité politique.

---

[353]Art. 1er décret n°2006/088 du 11 mars 2006 portant création, organisation et fonctionnement de la Commission nationale de lutte contre la corruption.
[354]Art. 2 al. 2 du même décret.
[355] AKONO OLINGA A., *op. cit.*, p. 349.

En effet, d'après la réglementation CEMAC, *« toutes les opérations relatives aux recettes, aux dépenses et au financement des budgets des administrations publiques doivent être soumises à un contrôle démocratique, juridictionnel et administratif »*[356] et *« le contrôle démocratique est assuré par des assemblées délibérantes régulièrement élues, en particulier s'agissant du Budget de l'État, par le Parlement*[140]. Cette exigence n'est pas sans suite dans le droit camerounais des finances publiques, car il a été confié au Parlement la compétence de connaitre du contrôle du pouvoir exécutif[357]. Ce contrôle de *« l'action du Gouvernement »* présente, à l'évidence, une dimension budgétaire, puisque l'action gouvernementale n'est que la traduction de l'exécution du budget de l'État. Bien plus, la loi portant régime financier de l'État prévoit un contrôle parlementaire des Finances publiques[358]. Les MDC, en tant que prolongement du Gouvernement et de son action, ne sauraient échapper à ce contrôle qui peut prendre la forme informative (**A**) ou répressive (**B**).

A. Le contrôle à portée informative

Le droit à l'information est un droit fondamental. Son existence aujourd'hui relève de l'évidence[359]. Il oblige l'administration publique non seulement à la formalisation, mais aussi à la publication de l'information[360]. En clair, il

---

[356]Section VI (1) de la directive n°06/11-UEAC-190-CM-22 du 19 décembre 2011 relative au Code de transparence et de bonne gouvernance dans les finances publiques.

[357]Art. 14 al. 2 et art. 35 al. 1 de la loi n°96/06 du 18 janvier 1996 portant révision de la Constitution du 2 juin 1972.

[358] Article 85 de la loi portant régime financier de 2018.

[359] VENEZIA J. – C., « Sur l'existence d'un droit de savoir », *in Juger l'administration, administrer la justice,* Mélanges *en l'honneur de Daniel LABETOULLE,* Dalloz, 2007, pp. 825 – 832.

[360]Art. 13, al. 2, loi n° 2018/011 du 11 juillet 2018 portant code de transparence et de bonne gouvernance dans la gestion des finances publiques au Cameroun.

implique une obligation d'information de la part des personnes publiques en charge de la gestion des finances publiques. Il participe de la démocratisation effective des collectivités publiques en tant que pilier des libertés publiques[361]. En toute évidence, c'est un droit qui participe à la structuration de certains contrôles comme le contrôle politique des finances publiques des MDC qui a une portée informative.

Ce contrôle peut prendre la forme de questions ou alors de commissions d'enquête. S'agissant des questions, elles peuvent être adressées sous forme orale ou écrite. Le jeu de questions-réponses entre gouvernement et Parlement consiste pour les parlementaires à énoncer, sous la forme interrogatoire, les problématiques budgétaires adressées aux membres du Gouvernement, tenus à leur tour d'y apporter des éléments de réponse. Il est vrai que les MDC ne prennent pas directement part à cette phase, quand bien même, force est de noter qu'elles ne sont pas moins concernées. De fait, le champ des questions n'est pas délimité. Il couvre l'essentiel de l'action gouvernementale[362] y compris l'action diplomatique. À cet effet, tout parlementaire est fondé à poser une question relative à la gestion financière MDC. En réplique, le ministre des Relations extérieures apportera des éléments de réponses aux questions formulées lorsque l'incidence de cette dernière impacte médiatement ou immédiatement la gestion financière des MDC.

En outre, rien ne s'oppose théoriquement à ce qu'une commission d'enquête parlementaire soit formée pour

---

[361] NGUECHE S., « Le contrôle par le citoyen des finances publiques au Cameroun », *R.A.D.P*, n° 13, vol. VII, juillet – décembre 2018, pp. 155 – 183.

[362] NDZINA NOAH J. N., *Le bicamérisme en droit constitutionnel camerounais*, *op. cit.*, p.329.

investiguer sur la gestion financière des MDC. Il faut noter que ces mécanismes ont connu un certain regain de vitalité à l'aune du bicamérisme[363]. Car, autant les députés à l'Assemblée nationale que les sénateurs exercent à égalité le droit de poser les questions aux membres du Gouvernement. Le contrôle informatif n'épuise pas le contrôle démocratique des finances des MDC. Il faut y ajouter le contrôle de sanction.

B. Le contrôle à portée répressive

Sans qu'un pouvoir coercitif réel ne leur soit reconnu, les organes politiques en charge du contrôle budgétaire disposent de moyens à même de contraindre, voire d'annihiler le pouvoir financier des décideurs financiers au plus haut niveau en sorte que soient impactées les MDC. En usant de l'arme constitutionnelle de la mise en cause de la responsabilité politique du Gouvernement devant l'Assemblée nationale, la représentation nationale[364] peut réprimer la gestion financière des MDC à travers deux mécanismes : la question de confiance et la motion de censure. Ces mécanismes consacrent la responsabilité politique du Gouvernement devant le Parlement, critère classique du régime parlementaire[365]. Comme pour le contrôle informatif, ce contrôle-sanction ne met pas les MDC en première ligne. Pourtant, rien ne fait obstacle à ce

---

[363] *Idem.*

[364] Il convient de réitérer que l'action en responsabilité politique ne peut être engagée que par l'Assemblée Nationale ; ce qui signifie une exclusion du Sénat. Néanmoins, la doctrine tend à admettre une intervention, du moins indirecte, du Sénat en la matière : soit par impulsion, soit par inspiration d'une action en responsabilité contre le Gouvernement. L'autre dimension du contrôle des finances des MDC est juridictionnelle.

[365] ONDOA M., « Une résurrection : le régime parlementaire camerounais », *AFSJP-UD*, n°2, 2002.

qu'un problème causé par les MDC provoque la chute d'un gouvernement par le jeu de la responsabilité politique.

À travers la question de confiance posée par le Gouvernement[366], le Parlement peut sanctionner la gestion financière de l'exécutif en opposant un vote négatif à la question ainsi posée. Ce qui revient à provoquer la dissolution du Gouvernement et incidemment de révoquer l'ordonnateur principal du budget des MDC en l'occurrence le ministre chargé des relations extérieures et le Premier ministre, motif pris de la dimension collective de la responsabilité en l'espèce.

Parallèlement, la représentation nationale dispose à son tour du mécanisme de la motion de censure pour opposer une sanction de la gestion budgétaire du Gouvernement. À la lueur des dispositions de la loi constitutionnelle de 1996, il est constant que : "*L'Assemblée Nationale peut mettre en cause la responsabilité du Gouvernement par le vote d'une motion de censure (...) La motion de censure est adoptée à la majorité des deux tiers des membres composant l'Assemblée Nationale*"[367].

Toutefois, le droit constitutionnel camerounais comporte une anomalie en la matière. En effet, le texte précité instaure un mécanisme qui permet aux ordonnateurs déchus de surmonter cette sanction, lorsqu'il dispose que « *Le Président de la République peut reconduire le Premier ministre dans ses fonctions et lui demander de former un nouveau gouvernement* »[368]. Parallèlement à cette modalité de contrôle existe un contrôle juridictionnel.

---

[366] Article 34 (2) de la loi constitutionnelle de 1996.
[367] Article 34 (4).
[368] Article 34 (6).

Section II : le contrôle juridictionnel

Le juge est la clé de voûte dont dépend la réalisation de l'État de droit[369]. Au vrai, il est l'élément central à même d'assurer ou restaurer la force de la loi dans la gestion des deniers publics[370]. Cela est d'autant plus avéré que le contrôle juridictionnel est un gage de la bonne et transparente gestion des finances publiques[371]. Par ailleurs, la nécessité du contrôle et de la vérification des deniers publics exige l'action d'un organisme qui assure une gestion efficace et efficiente des flux monétaires des MDC et sanctionne, le cas échéant, leur mauvaise gestion ou leur mauvaise utilisation avec des pouvoirs accrus[372].

En clair, le juge n'est pas exclu du contrôle des finances des MDC. Il y joue un rôle actif. Le droit communautaire en fait une exigence essentielle et le législateur camerounais lui accorde une place de choix. Même si ce dernier semble cantonner le contrôle juridictionnel des finances publiques à la compétence du juge des comptes, il convient de noter qu'une telle conception du texte de 2007 n'est que restrictive. Car, plusieurs juges interviennent dans le contrôle des finances publiques en général et dans le contrôle des finances diplomatiques et consulaires en

---

[369] CHEVALLIER J., *L'État de droit*, Paris, Montchrestien, 2e éd., 1994, p. 13.

[370] NNANGA H. S., « La protection juridictionnelle des finances publiques africaines », *RASJ*, vol.6, n°1, 2009, pp. 211-228.

[371] DJIMENOU F., « Le contrôle juridictionnel de la décentralisation : aspect contrôle des comptes », *in Les cahiers de l'association ouest-africaine des hautes juridictions francophones,* colloque international sur le contrôle juridictionnel de la décentralisation, Cotonou, du 3 au 5 avril 2000.

[372] D'OLIVEIRA MARTINS G., « La place de la Cour des comptes dans le système politique au Portugal » in *La bonne gouvernance des finances publiques dans le monde,* Actes de la 4e Université de printemps de Finances Publiques, Paris, LGDJ, 2008, pp. 201-207.

particulier. Il en est ainsi du juge répressif (**Paragraphe II**) et du juge non répressif (**Paragraphe I**).

Paragraphe I. L'office du juge non répressif

Le juge non répressif regroupe d'une part le juge des comptes qu'incarne la chambre des comptes (**A**), d'autre part le juge civil dont le rôle n'est pas négligeable en la matière (**B**).

A. La compétence élargie de la juridiction des comptes

La Chambre des comptes contrôle les finances des MDC dans le cadre de la vérification de la conformité, de la régularité de leur exécution ainsi que dans le contrôle de la gestion qui en est faite par les responsables commis à cette tâche. Cette intervention de la juridiction des comptes peut aboutir d'une part à une déclaration de conformité dans le cadre du budget, ou à un jugement des comptes d'autre part. Pris sous cet angle, l'intervention de la juridiction des comptes dans le contrôle de la gestion des fonds des MDC est fondamentale du fait de sa nature et davantage de ses missions[373].

En substance, elle est « *une gardienne de la bonne finance* »[374] et « *un aiguillon de la bonne politique* »[375]. Pour autant, la mission fondamentale de la Chambre des comptes est de contribuer à l'amélioration de la gestion des finances publiques, quelles qu'elles soient[376]. En effet, la loi constitutionnelle du 18 janvier 1996, en faisant de la Cour Suprême la plus haute juridiction de l'État en matière de

---

[373] DOUENCE M., AZAVANT M., *Institutions juridictionnelles*, Paris, Dalloz, 2010, p.264.

[374] SEGUIN P., « La cour, vigie des finances publiques », *RFFP*, n°100 pp. 223-228.

[375] *Idem*.

[376] Rapport annuel de la chambre des comptes de la Cour suprême du Cameroun pour l'exercice 2009, p. 6.

jugement des comptes, a institué en son sein une chambre des comptes. Cette dernière est chargée de *« contrôler et de statuer sur les comptes publics... »*[377]. Par ailleurs, elle *« statue souverainement sur les décisions rendues par les juridictions inférieures des comptes »*[378]. Aux termes de l'article 86 de la loi portant régime financier, « *le contrôle juridictionnel des opérations budgétaires et comptables des administrations publiques est assuré par la juridiction des comptes* ». Elle a pour mission :

- *« d'assister le Parlement dans le contrôle de l'exécution de la loi des finances ;*
- *de certifier la régularité, la sincérité et la fidélité du compte général de l'État ;*
- *de juger les ordonnateurs, les contrôleurs financiers et les comptables publics ;*
- *de contrôler la légalité financière et la conformité budgétaire des opérations de dépenses et de recettes de l'État. À ce titre, elle constate les irrégularités et fautes de gestion commises par les agents publics ;*
- *d'évaluer l'économie et l'efficience de l'emploi des fonds publics ».*

Globalement, la juridiction des comptes se voit attribuer la mission *« de contrôler la légalité financière et la conformité budgétaire des opérations de dépenses et de recettes de l'État... »*[379]. Les opérations de recettes et de dépenses des MDC n'échappent pas à ce processus. Il est donc évident que les comptables des MDC, en l'occurrence les payeurs auprès desdites missions, peuvent voir leur

---

[377]Art. 41 al.1 de la loi constitutionnelle du 18 janvier 1996.

[378] Art. 41 al.2 de la même loi constitutionnelle.

[379]Art. 86 al.3 de la loi n°2018 du 2 juillet 2018 portant régime financier de l'État et des autres entités publiques.

responsabilité pécuniaire engagée devant la haute juridiction des comptes.

En effet, d'après la loi fixant les attributions de la Chambre des comptes, *« le comptable public est présumé responsable personnellement et pécuniairement des défauts comptables constatés dans ses comptes ; de l'exercice des contrôles prévus par les lois et les règlements ; du recouvrement des recettes et du paiement des dépenses régulièrement justifiées ; de la conservation des fonds et valeurs ; du maniement des fonds et mouvements de disponibilités ; de la tenue de la comptabilité de son poste »*[380]. Les ordonnateurs peuvent répondre de leurs actes de gestion[381] devant la juridiction des comptes[382].

Au demeurant, les finances des MDC n'échappent pas au contrôle de la Chambre des comptes de la Cour Suprême. Dans son organisation, la Chambre des comptes est composée de cinq (5) sections, parmi lesquelles la section de contrôle et de jugement des comptes des comptables de

---

380Art. 48 al.1 de la même loi.

381Art. 86 de la loi du 2 juillet 2018 portant régime financier de l'État et des autres entités publiques.

382 La juridiction des comptes est une institution déterminante pour garantir la transparence et l'efficience de la gestion des finances publiques. Comme le précise à raison Michel BOUVIER dans une étude consacrée à la gestion de la dépense publique dans les pays d'Afrique noire francophone subsaharienne, son action entravée par un ensemble de facteurs parfaitement résumé par un observateur attentif de l'Afrique subsaharienne, ainsi selon ce dernier « tous les États de l'UEMOA ne sont pas encore arrivés à extraire les cours suprêmes des juridictions chargées du contrôle des comptes pour créer des comptes autonomes. Elles sont confrontées pour la plupart, au-delà de ces questions d'autonomie, à des difficultés portant sur l'absence d'équipements, les dysfonctionnements ou l'absence des locaux fonctionnels sur les personnels souvent insuffisants et démotivés et dont le perfectionnement s'impose.

l'État[383]. À ce titre, elle est compétente pour contrôler et juger les comptes des comptables des MDC qui sont les payeurs auprès de ces Missions. Dans son office, ainsi qu'il ressort de ses différents rapports annuels, la Chambre des comptes peut rendre des arrêts de deux natures : les arrêts provisoires et les arrêts définitifs. La nomenclature de ces arrêts est variable. Ainsi, peut-on citer des arrêts d'amendes, des arrêts d'injonctions, des arrêts de débet, des arrêts de décharge. Toute chose qui la distingue des autres juridictions indirectement chargées du contrôle budgétaire.

B. La compétence limitative du juge civil

Le contrôle du juge civil sur les finances publiques des MDC est limité à la gestion des responsables et particulièrement à la réparation du préjudice subi par l'État du fait de l'action des agents dans le cadre de la gestion budgétaire. À cet égard, le juge civil ne manque pas de titre d'intervention en matière de contrôle des finances des MDC dans la mesure où les agents d'exécution du budget des MDC peuvent voir leur responsabilité civile engagée. La responsabilité civile peut être définie comme l'obligation qui incombe à une personne en l'espèce, l'ordonnateur, de réparer un préjudice causé à autrui[384].

La responsabilité civile correspond donc à l'obligation qui incombe à l'auteur d'un préjudice de le réparer[385]. En vertu du principe de ce principe, les agents en charge de l'exécution du budget des MDC sont tenus de réparer un préjudice causé à un tiers ou à la puissance publique. Cela étant, il convient de dire que les ordonnateurs et les

---

[383]Art. 13 al.1 de la loi n°2003/005 du 21 avril 2003 fixant les attributions, l'organisation et le fonctionnement de la Chambre des comptes de la Cour suprême.
[384]CHAPUS R., *Responsabilité publique et responsabilité privée. Les influences réciproques*, Paris, LGDJ, 2001, p.12.
[385]*Idem*.

comptables des MDC peuvent répondre civilement du préjudice qu'ils auraient causé dans le cadre de leurs fonctions respectives. Cette responsabilité fait l'objet d'une consécration textuelle pertinente en droit camerounais.

Parmi les textes concernés, on peut d'abord relever la Directive CEMAC relative au règlement général de la comptabilité qui dispose en son article 10 que *« les ordonnateurs encourent une responsabilité qui peut être ...civile »*[386]. Ensuite, l'article 13 du décret n° 2013/16 du 15 mai 2013 portant règlement général de la comptabilité publique. D'après ce texte, *« les ordonnateurs du budget de l'État sont, à raison de leurs attributions, responsables au plan pénal et civil »*[387]. Il en va de même pour toutes les autres catégories d'ordonnateurs qui, dans la limite de leur délégation, sont responsables entre autres au plan civil. Ce qui précède conduit à conclure que toutes les catégories d'ordonnateurs sont civilement responsables. L'on peut constater que dans ces dispositions, le comptable n'est pas visé explicitement par le jurislateur camerounais. Est-ce à dire que les payeurs auprès des MDC ne sont pas civilement responsables ? La réponse est négative. Car dans l'accomplissement de leurs missions, ces derniers peuvent causer un dommage à l'État ou à un tiers ; ce qui fonde à les constituer civilement responsables afin de leur faire réparer ledit dommage. Une telle hypothèse est envisageable en cas, par exemple, de la *« gestion de fait »*. Celle-ci étant généralement sanctionnée aussi bien civilement que pénalement.

Le droit comparé exprime mieux la responsabilité civile des ordonnateurs et comptables publics. Au Maroc

[386]Art 22 du décret n° 2011-1880 du 24 novembre 2011 portant règlement général sur la comptabilité publique.
[387]Article 13 al.1 du décret n°2013/16 du 15 mai 2013 règlement général de la comptabilité publique.

notamment, le Dahir n° 1-02-25 du 19 moharrem 1423 portant promulgation de la loi n° -61-99 relative à la responsabilité des ordonnateurs, contrôleurs et comptables publics dispose en son article premier que les *« ordonnateurs, contrôleurs et comptables publics encourent une responsabilité qui peut être disciplinaire, civile et pénale… »*. Il en résulte que les finances des MDC n'échappent pas au contrôle du juge civil. Il en est de même du juge répressif.

Paragraphe II. La compétence spéciale du juge répressif

De l'analyse globale de la gouvernance financière publique, il se dégage une tendance à l'amplification du mouvement de pénalisation des finances publiques. Dans cette optique, l'on s'aperçoit que *« le mouvement de pénalisation des décideurs publics touche directement l'action administrative (…). À travers cette mise en cause, c'est tout le fonctionnement de l'administration qui est concerné et l'adoption de plusieurs réformes atteste de l'adaptation de l'administration à ce mouvement de pénalisation »*[388]. Sous ce rapport, il convient d'observer que les finances publiques des MDC sont sans cesse croissantes dans le cadre de la gestion publique.

A. Le fondement de la compétence du juge répressif

Le contrôle des finances des MDC par le juge répressif repose sur un double fondement : communautaire et national. Au plan communautaire, il convient d'évoquer la Directive CEMAC de 2008 relative à la comptabilité générale. En effet, ce texte dispose que : *« les ordonnateurs*

[388] DOMENACH J. M., « L'action administrative face à la responsabilité pénale des décideurs publics », *in Politique et Management Public*, Vol. 19, n° 1, 2001, pp. 43 – 57.

encourent une responsabilité qui peut être… pénale »[389]. Le même texte constitue personnellement responsables, tous les comptables[162]. Or, cette responsabilité personnelle implique la responsabilité pénale[390].

Au plan national, il est impérieux d'évoquer tout d'abord, le décret de 2013 ayant le même objet que la directive ci-dessus visée. Ce décret reprend presque exactement les dispositions de la susdite directive communautaire. Ainsi, dispose-t-il, *« les ordonnateurs du budget de l'État et de ses organismes publics sont, en raison de leurs attributions, responsables au plan pénal… »*[391]. De plus, le même texte dispose que *« Les autres catégories, dans la limite de leurs délégations, sont responsables au plan pénal… »* [164].

Ensuite, la responsabilité pénale des agents d'exécution du budget des MDC est fondée sur la législation pénale, notamment le Code pénal. Ce texte définit des infractions qui peuvent être commises par les agents d'exécution du budget des MDC. Ainsi, en est-il de l'infraction de *« détournement de biens publics »*[392]. C'est là la trame de la notion de *« détournement des deniers publics »* qui constitue un titre de compétence du juge pénal en matière de la gestion financière de l'ordonnateur et du payeur auprès des MDC[393]. Le contrôle des finances publiques des

---

[389]Article 10 directive n°02/08-UEAC-190-CM-17 portant Règlement général de la Comptabilité publique Art. 31 directive précitée.

[390] Voir OWONA J., *Les marchés des entreprises publiques au Cameroun. Études et vulgarisation*, Yaoundé, EDLK, Études et vulgarisation, 2020, p. 108 et ss.

[391]Article 13 al.1 du décret n°2013-16 du 15 mai 2013 portant Règlement général de la Comptabilité publique.

[392] C'est ainsi qu'est libellé l'art. 184 du Code pénal camerounais.

[393]Lire utilement AKONO ONGBA S., « La distinction entre faute de gestion et détournement de deniers publics en droit camerounais », *RASJ*, n°2, 2016, pp. 249-250.

MDC pose par ailleurs l'important problème de ses modalités.

B. L'articulation du contrôle par le juge répressif

Le contrôle des finances publiques des MDC par le juge répressif se réalise suivant un certain nombre de modalités. Il s'agit d'évoquer tour à tour la question du juge compétent et celles liées au motif d'enclenchement du contrôle et à la sanction applicable.

S'agissant des motifs d'enclenchement du contrôle du juge, qui correspond très exactement à ce que l'on dénomme génériquement « fait générateur », il peut s'agir d'une faute de gestion[394] ou d'un détournement de deniers

---

[394]Il est vrai que par le passé l'infraction de faute de gestion a souffert d'un manque de définition légale. Mais avec la nouvelle réforme du régime financier de l'État, le législateur a tenté une définition de cette notion. Ainsi, dispose le Nouveau Régime financier de l'État et des autres entités publiques, « en cas de faute de gestion telle que définie à l'article 88… tous les ordonnateurs encourent, à raison de l'exercice de leurs attributions, les sanctions prévues par les lois et règlements, sans préjudice de celles prononcées par la juridiction des comptes ». Selon les dispositions de l'article 88, *« la faute de gestion est notamment constituée par : la violation des règles relatives à l'exécution des recettes et des dépenses de l'État et des autres entités publiques ; la violation grave et répétée des règles de comptabilisation des produits et charges applicables à l'État et aux autres entités publiques ; la violation des règles relatives à la gestion des biens appartenant à l'État et aux autres entités publiques ; le fait pour toute personne dans l'exercice de ses fonctions ou attributions, d'enfreindre les dispositions législatives ou réglementaires nationales destinées à garantir la liberté d'accès et l'égalité des candidats dans les contrats de commande publique ; le fait d'avoir entraîné la condamnation d'une personne morale de droit public ou d'une personne de droit privé chargée de la gestion d'un service public, en raison de l'inexécution totale ou partielle ou de l'exécution tardive d'une décision de justice ; le fait, pour toute personne dans l'exercice de ses fonctions ou attributions, de causer un préjudice à l'État ou à une entité publique, par des agissements manifestement incompatibles avec les intérêts de l'État ou de l'organisme, par des carences graves dans les contrôles qui lui*

publics. Ces deux infractions appellent des sanctions de nature pénale, notamment la condamnation à une peine privative de liberté ou alors une peine d'amende.

Par principe, deux juges sont potentiellement compétents lorsqu'il y a commission d'une infraction pénale de nature financière par l'ordonnateur ou le payeur auprès d'une MDC. La détermination du compétent se fait sur la base du montant du préjudice. En effet, lorsque le préjudice d'une infraction de détournement de denier public est inférieur à 50 000 000 (cinquante millions de francs CFA), le juge compétent est le juge pénal ordinaire (TPI/TGI). En revanche, lorsque le préjudice correspond à un montant supérieur à cinquante millions c'est le juge pénal spécial qui est compétent, en l'occurrence le Tribunal criminel spécial (TCS) ressuscité au Cameroun[395] à la faveur de la loi du 14 décembre 2011[396].

D'après l'article 2 de cette loi, le TCS *« pour connaitre, lorsque le préjudice est d'un montant minimum de 50 000 000 FCFA, des infractions de détournements de deniers publics et des infractions connexes prévues par le Code pénal et les Conventions internationales ratifiées par*

---

incombaient ou par des omissions ou négligences répétées dans son rôle de direction ; Les négligences dans la gestion du budget, le suivi des crédits, la mise en œuvre de la dépense ainsi que la liquidation de la recette ; l'imprévoyance caractérisée résultant de la consommation des crédits pour des dépenses d'intérêt secondaire au détriment des dépenses indispensables et prioritaires du service ; la poursuite d'objectifs manifestement étrangers aux missions et attributions du service ; la mise en œuvre de moyens manifestement disproportionnés ou inadaptés aux objectifs poursuivis par le service ».

395 MONEBOULOU MINKADA H. M., « Le Tribunal criminel spécial au Cameroun et les grands principes de la justice criminelle : étude comparative sur les Lois de 1961 et 2011 », *Juridical Tribune*, vol. 2, décembre 2012, p. 140.

396 Loi n°2011/028 du 14 décembre 2011 portant création d'un Tribunal criminel spécial.

le Cameroun »[170]. Exceptionnellement, le juge des comptes s'érige en juge pénal dans ce sens qu'il *« ... prononce des condamnations à l'amende »*[397] à l'encontre des gestionnaires des MDC fautifs.

Au regard de ce qui précède, il est possible d'affirmer que le contrôle judiciaire a tout son fondement et son sens. Il s'agit de juger les infractions de nature financière, portant sur la gestion des deniers publics. Il contribue de ce fait à la transparence et à la bonne gouvernance dans la gestion des finances publiques, même diplomatiques et consulaires.

Conclusion du chapitre

Invariablement, les finances des MDC sont soumises aux contrôles classiques prévus en la matière. Protéiforme, le contrôle suscité peut être réalisé au triple plan administratif, politique et juridictionnel. Dans son versant administratif, il mobilise par les procédures et les administrations de l'État. Il peut être interne à l'administration diplomatique et consulaire et prendre alors la forme d'un contrôle de gestion. Il peut aussi être externe à ce secteur de l'administration, c'est-à-dire qu'il peut être mobilisé par d'autres administrations, notamment du MINFI, de l'ANIF, la CONAC et le CONSUPE. Dans son acception démocratique, il s'effectue par le truchement de l'Assemblée Nationale au moyen des outils constitutionnels propres au régime parlementaire classique qui meublent les rapports entre le législatif et l'exécutif. Dans sa variante juridictionnelle, il sollicite l'office du juge, des comptes, du juge civil et pénal.

Seulement, l'exercice du contrôle ne va pas sans heurts. Régulièrement, les MDC rencontrent des problèmes financiers et administratifs dont la littérature est le fruit des nombreuses missions de contrôle réalisées à propos. Au

---

[397]Article 7 de la loi n°2003-005 du 21 avril 2003.

plan administratif on recensera, de façon ramassée, l'insuffisance des crédits alloués aux MDC, le déficit de matériels, l'insuffisance de ressources humaines formées pour l'étude, le traitement et le suivi des dossiers financiers, l'absence de personnels formés et préposés aux tâches de comptable-matières, l'absence d'une commission de passation des marchés, la composition inégalitaire de la commission de réception des marchés, l'absence des manuels et guides des procédures, l'étude approximative des projets de construction ou de réhabilitation des bâtiments, défaut d'autorisation d'acquisition du matériel spécifique, absence de certificat de garantie.

Au plan financier, on peut relever l'engagement et la liquidation des liasses de dépenses incomplètes, le non-respect de la spécialité des lignes budgétaires, la réparation de véhicules auprès d'un prestataire non habilité, le fractionnement des marchés, l'absence d'un suivi fiscal des opérations des MDC, l'insuffisance des pièces justificatives des séminaires, la gestion controversée des caisses d'avances, régies d'avances et des fonds débloqués, le non-apurement des déblocages, non-respect des mémoires de dépenses, l'absence des lettres de missions, des ordres de missions, de bulletin de solde, non-reversement des reliquats des exercices antérieurs, la gestion très peu transparente des biens (qui sortent des écritures en violation des procédures en la matière), l'absence de prise en charge de certaines opérations dans les livres journaux, le non-déploiement des équipes du MINFI dans les MDC pour les formations aux nouvelles techniques administratives, financières et comptables. Au plan juridique et judiciaire, on enregistre la saisie de certains biens des MDC notamment leurs immeubles et leurs comptes bancaires dès lors qu'ils ont des liens étroits avec les activités autres que celles relevant du service public diplomatique.

CONCLUSION GÉNÉRALE

L'investigation scientifique menée sur les finances publiques des MDC s'est construite autour de deux idées majeures. Il s'est agi premièrement d'étudier l'idée de la conception des finances publiques des MDC comme intégrant celles de la constitution et de l'élaboration du budget des MDC. Deuxièmement, il était question de lever un pan de voile sur la matérialisation du budget des MDC à travers l'examen de leur cadre d'exécution et de contrôle.

La conception est tout entière dans l'élaboration du budget d'où sa fondamentalité. Bien qu'elle ne déroge pas à la procédure budgétaire de l'État, ses particularismes méritaient d'être mis en évidence. Initiée sous impulsion présidentielle de la préparation, la procédure d'élaboration du budget des MDC est assurée par le Gouvernement et plus précisément sous la coordination du Premier ministre et sous l'opérationnalisation effective du ministre des Finances en fonction des contextes. Il en ressort que les opérations de recette et de dépense effectuées par celles-ci sont à certains égards semblables à celles de l'ensemble des personnes publiques, mais s'en démarquent sur certains aspects, eu égard à la spécificité de la matière. Ce préalable a ainsi constitué le passage obligé de la détermination des acteurs et de la procédure d'élaboration du budget y relatif.

Dans sa matérialisation, le budget des MDC s'articule autour des phases pratiques d'exécution et de contrôle. Ces étapes charnières font intervenir des acteurs qui interagissent selon un cadre législatif et réglementaire ainsi que sur la base des procédures précises et spéciales. C'est en cela que réside leur originalité. En cela, le contrôle des finances des MDC a révélé des spécificités qui renforcent la thèse de leur autonomie. Dans cette veine, le droit des finances publiques des MDC se veut un domaine spécifique des finances publiques classiques. Il y puise son inspiration et l'essentiel de son régime s'y abreuve. Cependant, il doit concilier le droit de la diplomatie, le droit budgétaire et celui de la comptabilité publique. Ce qui en fait une matière atypique et plus stratégique, au regard de son objet.

BIBLIOGRAPHIE GÉNÉRALE

I. OUVRAGES, THÈSES ET MÉMOIRES

1.Ouvrages

ABANE ENGOLO P-E, *Traité de droit administratif du Cameroun, Théorie générale et droit administratif spécial*, Paris, L'Harmattan, 2019, 548 p.

AUBERT J.L., DUTILLEUL F., *Le contrat,* Paris, Dalloz, 2010, 133 p.

BALZAC T., et alii (dir.), *Manuel de diplomatie*, Paris, Sciences Po, 2018, 400 p.

BARILARI A., BOUVIER M., *La LOLF et la nouvelle gouvernance financière de l'État,* Paris, L.G.D.J, 3e éd., Coll. système, 2010, 272 p.

BARILARI A., *Les contrôles financiers comptables, administratifs et juridictionnels des finances publiques*, Librairie Eyrolles, 2003, 184 p.

BARRE R., *Économie politique*, Paris, PUF, Coll. Thémis, tome 1, 1955, 688 p.

BATISTELA D., *Théories des relations internationales*, Paris, Presses de Sciences Po, 2e éd., 2006, 720 p.

BERGEL J. – L., *Théorie générale du droit,* Paris, Dalloz, Coll. « Méthodes du droit », 2e éd., 1989, 367 p.

BIAKAN J., *Droit des Marchés Publics au Cameroun : contribution à l'étude des contrats publics*, Paris, L'Harmattan, 2011, 132 p.

BIDIAS B., *Les finances publiques du Cameroun*, Paris, Bordas, 1988, 1043 p.

BILOUNGA S. T., *Finances publiques camerounaises. Budgets – Impôts – Douanes – Comptabilité publique*, Paris, L'Harmattan, 2020, 700 p.

BONIFACE P., *Les relations internationales de 1945 à nos jours*, Paris, Eyrolles, 2017, 220 p.

BOTTIN M., *Histoire des finances publiques*, Paris, Economica, 1997, 112 p

BOUVIER M., ESCLASSAN M. – C., LASSALE J. – P., *Finances publiques*, Paris, L.G.D.J, Montchrestien, 18e éd., 2019 – 2020, 959 p

BOUVIER M., *Introduction au droit fiscal général et à la théorie de l'impôt*, Paris, L.G.D.J, Coll. Systèmes, 13e éd., 2016,

BRAILLARD P., REZA DJALILI M., *Relations internationales*, Paris, PUF, 1988, 127 p.

CABRILLAC R., FRISON-ROCHE M.-A., REVET T., *Libertés et droits fondamentaux*, Paris, Dalloz, 8e éd., 2002, 882 p.

CARON M., *Budget et politiques budgétaires,* Paris, Bréal, 2007, 127 p.

CATTEAU D., *Finances publiques, droit budgétaire, comptabilité publique*, Paris, Coll. Hachette, 6e éd., 2019 – 2020, 168 p.

CHANTILLON S., *Le contrat international*, Paris, Vuibert, 2006, 351 p.

CHAPUS R., *Responsabilité publique et responsabilité privée. Les influences réciproques*, Paris, LGDJ, 2001, 584 p.

CHEVALIER J., *L'État de droit*, Paris, Montchrestien, 2e éd., 1994, 158 p.

CHOUVEL F., *Finances publiques*, Paris, Gualino, 14e éd., 2011, 236 p.

COLLET M., *Finances publiques*, Paris, L.G.D.J, 3e éd., 2018 – 2019, 532 p.

COMBACAU J., SUR S., *Droit international Public*, Paris, LGDJ, 13e éd., 2019.

CONSTANT B., *Discours de M. Benjamin CONSTANT à la Chambre des députés*, Paris, Imprimerie et fonderie PINARD, Vol. 2, 1827, 588 p.

CORNU G., Association Henri Capitant (dir.), *Vocabulaire juridique,* Paris, P.U.F, Coll. Quadrige, 11e éd., 2017, 1152 p.

DAMAREY S., *Finances publiques*, Paris, Gualino, 7e éd., 2019 – 2020, 224 p.

DAMAREY S., *L'essentiel des Finances publiques*, Paris, Gualino, 8e éd., 2020, 160 p.

DAVID E., *Droit des organisations internationales*, Bruxelles, Bruylant, 1re éd., 2016, 830 p.

De BERRANGER T., *Constructions nationales et constructions communautaires*, Paris, LGDJ, 1995, 592 p.

DE SENARCLENS P., *La mondialisation. Théories, enjeux et débats*, Paris, Armand colin, 4e éd., 2005, 275 p

DELMAS-MARTY M., DUCAS DE LEYSSAC C., *Libertés et droits fondamentaux*, Paris, Seuil, 2e éd., 2002, 464 p.

DESGREES DU LOÛ D. M., *Les évolutions de la souveraineté,* Paris, LGDJ, Coll. Montchrestien, 2006, 287 p.

DORMOY D., *Introduction au droit des organisations internationales*, Bruxelles, Bruylant, 1re éd., 2020, 205 p.

DOUAT E., *Finances publiques : finances communautaires, nationales, sociales et locales*, Paris, P.U.F, 2002, 261 p.

DOUENCE M., AZAVANT M., *Institutions juridictionnelles*, Paris, Dalloz, 2010, 397 p.

DRAIN M., DUBERNET C., *Relations internationales*, Bruxelles, Bruyant, Coll., Paradigme, 22e éd., 2017, 554 p.

BOUVIER M., *Introduction au droit fiscal général et à la théorie de l'impôt,* Paris, L.G.D.J, 6e éd., 2004, 239 p.

DUVERGER M., *Finances publiques*, Paris, P.U.F, Coll. Thémis, 9e éd., 1978, 452 p.

ECKLY P., *Droit du commerce international,* Paris, Ellipses, 2005, 65 p.

EISENMANN C., *Cours de droit administratif,* Paris, L.G.D.J, tome 1, 1982, 720 p.

FABRE J.-F., *Le contrôle des finances publiques*, Paris, P.U.F, 1968, 207 p.

FORMERY S.L., *La constitution commentée article par article*, Paris, Hachette, 7e éd., 2003, 192 p.

GAUDEMET P. – M., MOLINIER J., *Finances publiques,* Paris, Montchrestien, Coll. budget/trésor, T. 1, 6e éd., 1992, 577 p.

GILLES W., *Les principes budgétaires et comptables publics*, Paris, L.G.D.J, coll., systèmes, 2009, 256 p.

GRANDGUILLAUME N., *Théorie générale du contrôle*, Paris, Economica, 1994, 80 p.

GUINCHARD S., DEBARD T. (dir.), *Lexique des termes juridiques*, Paris, Dalloz, 2018, 2158 p.

JEZE G., *Cours de finances publiques*, Paris, LGDJ, 1936,

JOUONANG I., *Le budget de l'État du Cameroun*, Presses universitaires d'Afrique, 2021, 467 p.

KANKEU J., *La réforme de l'État par la performance,* Yaoundé, P.U.P, mars 2012, 208 p.

KESSLER M., *Les ambassadeurs,* Paris, Presses de Sciences Po., 2012, 416 p.

KONTCHOU KOUOMEGNI A., *Le système diplomatique africain. Bilan et tendances de la première décennie*, Paris, éditions A. Pedone, 1977, 279 p.

LACROIX J., PRANCHERE J.Y., *Le procès des droits de l'Homme généalogique du scepticisme démocratique*, Paris, éd. Le Seuil, 2016, 340 p.

LAFERIERRE J., WALINE M., *Traité élémentaire de sciences et de législation financière*, Paris, L.G.D.J, 1952, 581 p.

LAGRANGE E., SOREL J-M. (dir.), *Droit des organisations internationales*, Paris, LGDJ, Coll. Traité, 2013, 1248 p.

LALUMIERE P., *Les finances publiques*, Paris, Armand Colin, 8e éd. 1986, 543 p.

LASCOMBE M., VANDENRIESSCHE X., *Finances Publiques*, Paris, Dalloz, 2009, 191 p.

LEKENE DONFACK C.E., *Finances publiques camerounaises*, Paris, Berger-Levrault Coll. Mondes en devenir, mars 1987, 490 p.

MALBERG R. C., *Contribution à la théorie générale de l'État,* Paris, Dalloz, 2004, 638 p.

MERLE M., *Forces et enjeux dans les relations internationales*, Paris, Economica, 1980, 424 p.

MERLE M., *Sociologie des Relations internationales*, Paris, Dalloz, 1974, 436 p.

MORDACQ F., *La LOLF : Un nouveau cadre budgétaire pour réformer l'État*, Paris, LGDJ, 2006, 432 p.

MOUELLE KOMBI J. N., *La politique étrangère du Cameroun*, Paris, l'Harmattan, 1996, 238 p.

MULAMBA MBUYI B., *Droit des organisations internationales*, Paris, l'Harmattan, 2012, 170 p.

NGAYAP P. F., *Le droit parlementaire au Cameroun*, Paris, l'Harmattan, coll. « Études africaines », 2017, 324 p.

OWONA J., *Le contentieux administratif de la République du Cameroun*, Paris, l'Harmattan, 2011, 232 p.

OWONA J., *Droit de la fonction publique camerounaise*, Paris, l'Harmattan, 2011, 258 p.

PANCRAZI L., *Le principe de sincérité budgétaire*, Paris, l'Harmattan, 2012, 714 p.

PHILIP L., *Finances publiques, les problèmes généraux des finances publiques et le budget*, Paris, Cujas, 1971,

PHILIP L., *Finances publiques*, Paris, Cujas, 3e éd., 1989, 406 p.

PLANTEY A., *Principes de diplomatie*, Paris, Pedone, 2000, 458 p.

PLIHON D., Les taux de change, Paris, la Découverte, 119p.

PUIGELIER C., *Dictionnaire juridique,* Bruxelles, Larcier, Coll. Paradigme, 2015, 1070 p.

SANGA G. E., *Diplomatie et diplomate. L'Afrique et le système international*, Paris, l'Harmattan, 2010, 153 p.

SMOLINSKA A. M. (dir.), *Droit international des relations diplomatiques et consulaires*, Bruxelles, Cahiers de droit international, 1re éd., 2015, 263 p

THEBAULT S., *L'ordonnateur en droit public financier*, Paris, LGDJ, 2007, 408 p.

THIBIERGE C., et alii (dir.), *La force normative*, Paris, L.G.D.J, 2009, 912 p.

TROPER M., CHAGNOLLAUD D., *Traité international de droit constitutionnel,* Paris, Dalloz, tome 3, 2012, 816 p.

KERBRAT Y., DUPUY P. -M., *Droit international public*, Paris, Dalloz, 15e éd., 2020.

2. Thèses

ABENG MESSI F., *Le territoire et l'impôt en droit fiscal camerounais,* Thèse de Doctorat/PhD. en droit public, Université de Yaoundé II, F.S.J.P, 20142015, 718 p.

AKONO OLINGA A., *L'apport de la performance au contrôle des finances locales au Cameroun*, Thèse de Doctorat/PhD en Droit Public, Université de Yaoundé II, 2020, 233 p.

NDZINA NOAH J.N., *Le bicamérisme en droit constitutionnel camerounais*, Thèse de Doctorat/PhD en droit public, Université de Yaoundé II, 2018.

CATTEAU D., *La LOLF et la modernisation de la gestion publique, la performance, fondement d'un droit public financier rénové*, Thèse pour le Doctorat en droit public, Université de Lille II, 2005, 556 p.

BONTRON M.- C., *Les fonctions des principes fondamentaux de la commande publique*, Thèse de doctorat en droit, Université de Montpellier, 2015, 626 p.

3. Mémoires

KOUMA J. C., *L'encadrement des ressortissants camerounais par l'ambassade du Cameroun à Bruxelles*, Rapport de stage, Master 1, Université de Yaoundé II, 2010, 42 p.

EBANG MVE R., *L'exclusion du recours gracieux préalable après saisine du juge judiciaire incompétent*, Mémoire de Master II, FSJP, Université de Yaoundé II Soa, 2014, 140 p.

ONDO EBANG M., *Le parallélisme des formes en droit administratif*, Mémoire de DEA, Université de Yaoundé II Soa, 2011, 140 p.

4. Articles, contributions et actes

ABA J. D., « Les approches française et américaine du maintien de la paix en Afrique », *R.A.E.P.S*, n° 7, 2010, pp. 91 – 108.

AHOUANKA E. S., « La transparence budgétaire dans les États membres de l'Union Economique et Monétaire ouest-africaine (Réflexion sur le nouveau rôle du parlement et de l'opinion publique) », *in* MEDE N. (dir.), *La LOLF dans tous ses états*, *op. cit.*, pp. 535 – 563.

AKONO ONGBA S., « La distinction entre faute de gestion et détournement de deniers publics en droit camerounais », *RASJ*, n° 2, 2016, pp. 249-250.

ALBERT J. – L., « Les principes en droit financier », *in* CAUDAL S. (dir.), *Les principes en droit*, Paris, *Economica*, 2008, pp. 221 – 232.

ANGELET N., « Le droit des relations diplomatiques et consulaires dans la pratique récente du conseil de sécurité », *Revue belge de droit international*, 1999, pp. 149 – 177.

ARNAUD A. – J., « La force normative, pierre angulaire d'une intelligence juridique », in THIBIERGE C. et alii (dir.), *op. cit.*, pp. 13 – 17.

ARNOLD B. J., *Introduction aux conventions fiscales*, Toronto, Fondation canadienne de fiscalité, inédit.

BASSERES J., « Le contrôle hiérarchisé de la dépense », *R.F.F.P*, n° 89, février 2005, pp. 153 – 172.

BENSOUDA N., « Les finances de l'État au Maroc : entre l'ambition, la prévision et l'exécution », *in Transparence de l'exécution du budget de l'État*, Actes du colloque international sur les finances publiques, Rabat les 7 et 8 septembre 2012.

BOTTINI F., « La promulgation des lois parlementaires », *RFDC*, 2008/4 n° 76, pp.761-784

BOURGAULT J., « La mise en œuvre de la gestion axée sur les résultats, leçons tirées de l'expérience québécoise », *R.F.A.P*, n° 109, 204, pp. 109 – 128.

BOUVIER M., « Inventer une nouvelle gouvernance financière publique : fonder l'État du XXIe siècle », *R.F.F.P,* éditorial spécial n° 100, novembre 2007, pp. 3 – 5. Au sujet de l'impact de la nouvelle gouvernance financière publique.

BOUVIER M., « Pour une nouvelle gouvernance financière : Repenser et reconstruire les finances publiques de demain », *R.F.F.P,* n° 87, septembre 2004, pp. 293 – 305.

BRULEY Y., « Le Quai d'Orsay sous l'empire libéral », Revue d'Histoire Diplomatique, n° 1, 2020, pp. 23 – 94.

CANIVET G., « Le juge et la force normative », in THIBIERGE C., et *alii*, (dir.), *op. cit.*, pp. 23–27.

CARBONNIER J., « Les phénomènes d'internormativité », in *Essais sur les lois*, Paris, Répertoire du notariat Defrénois, 1979, p. 251.

D'OLIVEIRA MARTINS G., « La place de la Cour des comptes dans le système politique au Portugal », in *La bonne gouvernance des finances publiques dans le monde,* Actes de la 4e Université de printemps de Finances Publiques, Paris, LGDJ, 2008, pp. 201-207.

DOMENACH J. M., « L'action administrative face à la responsabilité pénale des décideurs publics », *in Politique et Management Public*, Vol. 19, n° 1, 2001, pp. 43 – 57.

DUMONT A., « Solidarité et nécessité de l'impôt », *LPA*, n° 137, 2018.

EBANG MVE U.N., « L'ordre de recette en droit public financier camerounais », *RADSP*, Vol. V n° IX, janvier-juin 2017, 1er semestre, pp. 155-186.

EISENMANN C., « Quelques problèmes de méthodologie des définitions et des classifications en sciences juridiques », *A.P.D*, n° 11, *La logique du droit,* Paris, Sirey, 1966, p. 26.

FARQUET C., « Diplomatie de réhabilitation et politique d'équilibre : les relations diplomatiques et économiques de la Confédération helvétique après la Première Guerre mondiale », *Revue d'Histoire Diplomatique*, n° 1, 2020, pp. 51 – 94.

GAFFAUX P., « Les contrôles administratifs et financiers de l'action administrative », *Revue de droit de l'Université Libre de Bruxelles*, 2010.

GENIAUT B., « La force normative des standards juridiques. Éléments pour une approche pragmatique du droit », in THIBIERGE C., et alii, (dir.), *op. cit.*, pp. 183–197.

JOXE P., « Finances publiques : scénarios pour demain », *R.F.F.P*, n° 87, 2004, pp. 11 – 12.

JOUBERT B., « La diplomatie du Saint-Siège », *Pouvoirs*, n° 162, février 2017, pp. 47 – 61.

JOYE J.-F., « La sincérité, premier principe financier », *RFFP*, n° 111, septembre 2010, pp. 17-25.

LAMBERT A., « Dette publique : discours de la méthode », *in Nouvelle gouvernance financière publique : grands enjeux de demain, R.F.F.P.* n° 100, pp. 15 – 22.

LAURENT M., *Réforme des finances publiques : la conduite du changement* - Acte de la IIIe Université du Printemps des Finances Publiques du Groupement Européen des Recherches sur les Finances Publiques (GERFIP), LGDJ, 2007, pp. 113-114.

MAGNET J., « La notion de deniers publics en droit financier français », *RSF*, 1974, pp. 44 -57.

MATHIEU B., « Quelle transparence du budget de la Présidence de la République ? », *in* BOUVIER M. (dir.), *La bonne gouvernance des finances publiques dans le monde*, *op. cit.*, pp. 231 – 235.

MATHIEU C., STERDYNIAK H., « Finances publiques, sorties de crise… », *Revue de L'O.F.C.E,* 2011, n° 16, pp. 17 – 60 ;

MERRIER F. X., « La nouvelle gestion publique, un concept mythique », *Lien social, R.I.A.C*, 41, 1999, pp. 95–103.

MONEBOULOU MINKADA H. M., « Le Tribunal criminel spécial au Cameroun et les grands principes de la justice criminelle : étude comparative sur les Lois de 1961 et 2011 », *Juridical Tribune*, vol. 2, décembre 2012, pp. 139-165.

MONTEGRE G., « La société des diplomates. Enseignements tirés des archives privées du Cardinal de Bernis », *Revue d'Histoire Diplomatique*, n° 3, 2020, pp. 265 - 279.

MORDACQ F., « Modernisation et réforme de l'État, au service des finances publiques », *R.F.F.P,* n° 100, novembre 2007, pp. 303 – 312.

MOYUM KEMGNI G., « La nouvelle gouvernance financière au Cameroun », *R.A.S.J,* vol. 8, n° 2, 2011, pp. 293-329.

MUZELLEC R., « Diagnostic du système financier camerounais », *in* Actes du colloque sur *la réforme du cadre juridique, pour une meilleure gestion des finances publiques au Cameroun,* Yaoundé 11, 12, 13 juillet 2001, pp. 27 – 32.

MVELLE G., « Interdisciplinarité et pluridisciplinarité en science politique : contribution à une meilleure gestion des inconscients académiques chez le jeune chercheur », *R.A.D.P.S*, n° 5, 2008, pp. 247 – 264.

NERSISYAN Y. et WRAY R., « Un excès de dette publique handicape-t-il réellement la croissance ? », *Revue de l'O.F.C. E,* 2011 – 1, n° 116, pp. 173 – 190 ;

NNANGA H. S., « La protection juridictionnelle des finances publiques africaines », *RASJ*, vol.6, n° 1, 2009, pp. 211-228.

OLIVA E., « Essai de définition normative du domaine des finances publiques », *in Constitution et finances publiques, op. cit.*, pp. 493 – 514 ;

ONDOA M., « Une résurrection : le régime parlementaire camerounais », *AFSJP-UD*, n° 2, 2002.

ORSONI G., « Le principe de sincérité à l'étranger », *RFFP*, n° 111, septembre 2010, pp. 37-46.

PEKASSA NDAM G., « La dialectique du responsable de programme en finances publiques camerounaises : Recherche sur les nouveaux acteurs budgétaires », in MEDE N. (dir.), *Les nouveaux chantiers des finances publiques en Afrique*, Mélanges en l'honneur de Michel BOUVIER, Paris, l'Harmattan, 2019, pp. 303 – 312.

PERRIN B., « Réforme du management public. Cap sur la performance et les résultats », *in* Actes du colloque sur *la réforme du cadre juridique, pour une meilleure gestion des finances publiques au Cameroun,* Yaoundé, les 12 et 13 juillet 2001, pp. 75 – 82.

PICOT H., « D'un degré de la force normative : la force impérative en droit international public », in THIBIERGE C., et alii, (dir.), *op. cit.*, pp. 345–358.

POLI R., « Les indicateurs de performance de la dépense publique », *R.F.F.P,* n° 82, juin 2003, pp. 107-114.

PONTIER J.-M., « L'intérêt général existe-t-il encore ? », *Recueil Dalloz*, 1998, pp. 327–339.

PURGET H., SECH J.-C., « La promulgation des actes législatifs en droit français », *RA*, 12e année, n° 69, mai-juin 1959, pp. 239-243.

REHNQUIST W., « Constitutional law and public opinion », *Suffolk University Law Review*, 1986, pp. 751-770.

ROCHER G., « Réflexion théorique et études empiriques aux frontières de l'internormativité », in ROBERT Ph., SOUBIRAN-PAILLET F., VAN DE KERCHOVE M., (dir.), *Normes, normes juridiques, normes pénales. Pour une sociologie des frontières*, Paris, l'Harmattan, t.1, 1997, pp. 95-114.

SAÏDJ L., « Recherche sur la notion de finances publiques en droit constitutionnel et financier positif », *R.D.P*, 1982, pp. 1297-1342.

SCOFFONI G., « La légitimité du juge constitutionnel en droit comparé : les enseignements de l'expérience américaine », *R. I. D. C.*, n° 2, 1999, pp.243-280.

SENEZE N., « Le trésor du Vatican », *Pouvoirs*, n° 162, février 2017, pp. 63 – 73.

SEGUIN P., « La cour, vigie des finances publiques », *RFFP*, n° 100 pp. 223-228.

TONI M. E., « Crise des finances publiques et démarche de performance : Échos d'ailleurs », *in* MEDE N. (dir.), *La LOLF dans tous ses états*, Actes du colloque national des 13 et 14 février 2015, Centre d'Études et de Recherches sur l'Administration et les Finances (C.E.R.A.F), Université d'Abomey – Calavi, pp. 169 – 201.

TOURE C., « Le système de contrôle des finances publiques au Mali », in *Afrilex* n° 4, http://www.afrilex.u-bordeaux4.fr, pp. 150-170.

TREMBLAY L., « La justification des restrictions aux droits constitutionnels : une affaire de rationalité ou de légitimité ? », *N.J.C.L.* n° 98, octobre, pp. 41-67.

UZAN M., « Les conventions fiscales internationales, c'est quoi ? À quoi cela sert ? », septembre 2019, consulté en ligne (https://uzan-avocat.fr), le 12 avril 2021.

VENEZIA J. – C., « Sur l'existence d'un droit de savoir », *in Juger l'administration, administrer la justice* Mélanges *en l'honneur de Daniel LABETOULLE,* Dalloz, 2007, pp. 825 – 832.

II. Textes Juridiques

1. Textes internationaux

- Convention de Vienne de 1961 sur les relations diplomatiques ;
- Convention de Vienne de 1963 sur les relations consulaires ;
- Convention de Vienne de 1969 sur le droit des traités ;
- Convention de Vienne de 1975 sur la représentation des États dans leurs relations avec les organisations internationales de caractère universel ;
- Convention de Vienne de 1986 sur le droit des traités entre États et organisations internationales ou entre organisations internationales ;
- Directive n° 01/11 -UEAC-190-CM- 22 relative aux lois de finances ;
- Directive n° 02/11 -UEAC-190-CM-22 relative au règlement général de la comptabilité publique ;

- Directive n° 03/11 -UEAC-195-CM-22 relative au plan comptable de l'État ;
- Directive n° 04/11 -UEAC-190-CM-22 relative à la nomenclature budgétaire de l'État ;
- Directive n° 05/11 -UEAC-190-CM-22 relative au tableau des opérations financières de l'État.
- Directive n° 06/11 -UEAC-190-CM-22 relative au code de transparence et de bonne gouvernance dans la gestion des finances publiques.

2. Textes législatifs

- Loi n° 2002/001 du 19 avril 2002 portant modification de certaines dispositions de l'ordonnance n° 62/OF/04 du 7 février 1962 réglant le mode de présentation, les conditions d'exécution du budget de la République fédérale du Cameroun, de ses recettes, de ses dépenses et de toutes les opérations s'y rattachant.
- Loi n° 2003/005 du 21 avril 2003 fixant les attributions, l'organisation et le fonctionnement de la Chambre des comptes de la Cour suprême.
- Loi n° 2007/006 du 26 décembre 2007 portant régime financier de l'État et loi n° 2018/012 du 11 juillet 2018 portant régime financier de l'État et des autres entités publiques.
- Loi n° 2011/028 du 14 décembre 2011 portant création d'un Tribunal criminel spécial.
- Loi n° 2018/011 du 11 juillet 2018 portant code de transparence et de bonne gouvernance dans la gestion des finances publiques.
- Loi n° 2018/012 du 11 juillet 2018 portant régime financier de l'État et des autres entités publiques.

3. Textes réglementaires

- Décret n° 77/41 du 3 février 1977 fixant les attributions et l'organisation des contrôles financiers.
- Décret n° 98/221 du 14 septembre 1998 portant revalorisation du traitement de base des personnels administratifs et en service dans les missions diplomatiques et consulaires.
- Décret n° 2000/693 PM - version de 2017.
- Décret n° 2000/285/PM du 12 octobre 2000 fixant les taux de l'indemnité journalière et les conditions de déplacement des membres du gouvernement et assimilés reprécise les zones.
- Décret n° 2000/693/PM du 3 septembre 2000 fixant le régime des déplacements des agents publics.
- Décret n° 2005/187 du 31 mai 2005 portant organisation de l'ANIF.
- Décret n° 2006/088 du 11 mars 2006 portant création, organisation et fonctionnement de la Commission nationale de lutte contre la corruption.
- Décret n° 2013/066 du 28 février 2013 portant organisation du ministère des Finances.
- Décret n° 2013/112 du 22 avril 2013 portant organisation du MINREX.
- Décret n° 2013/160 du 15 mai 2013 portant règlement général de la comptabilité publique.
- Décret n° 2013/006 du 28 février 2013 portant organisation du ministère des Finances.
- Décret n° 2013/287 du 4 septembre 2013 portant organisation des services du Contrôle supérieur de l'État.
- Décret n° 2020/375 du 7 juillet 2020 portant règlement général de la comptabilité publique au Cameroun.
- Arrêté n° 000666/MINFI/DGD du 28 octobre 2021 fixant les taux de conversion en douane des monnaies étrangères en monnaie locale ;

- Arrêté n° 0/0096 A/MINFI/SG/DGTCFM du 17 février 2017 fixant les taux de chancellerie applicables dans les missions diplomatiques et consulaires du Cameroun ;
- Instruction interministérielle n° 0060/MINFI/DIPL du 28 août 2010 relative à l'application des privilèges diplomatiques, en matière fiscale et douanière.

III. Rapports et autres documents officiels

- Assemblée Nationale française, Rapport n° 2926 déposé en application de l'article 146 du règlement par la commission des finances sur le suivi et la mission d'évaluation et de contrôle sur la gestion et la cession du patrimoine immobilier de l'État, 7 mars 2006.
- Ministère des Finances, *Préparation du projet de loi de finances 2019, Rapport des préconférences budgétaires*, juillet 2018.
- Ministère des Finances, *Rapport sur la situation et les perspectives économiques, sociales et financières de la Nation*, exercice 2019.
- Nations Unies/les immunités juridictionnelles des États et de leurs biens, ALCN. 4/343, 14 avril 1961.
- Rapport annuel de la Chambre des comptes de la Cour Suprême du Cameroun pour l'exercice 2009, p. 6.
- Réforme des finances publiques au Cameroun : manuel de pilotage et d'exécution du budget-programme, janvier 2013.

IV. Webographie

- diplomatie.gouv.fr ;
- afrilex.u-bordeaux4.fr ;
- mémoireonline .com ;
- LesEchos.fr.
- memoireonline.com/

TABLE DES MATIÈRES

Structures éditoriales du groupe L'Harmattan

L'Harmattan Italie
Via degli Artisti, 15
10124 Torino
harmattan.italia@gmail.com

L'Harmattan Hongrie
Kossuth l. u. 14-16.
1053 Budapest
harmattan@harmattan.hu

L'Harmattan Sénégal
10 VDN en face Mermoz
BP 45034 Dakar-Fann
senharmattan@gmail.com

L'Harmattan Cameroun
TSINGA/FECAFOOT
BP 11486 Yaoundé
inkoukam@gmail.com

L'Harmattan Burkina Faso
Achille Somé – tengnule@hotmail.fr

L'Harmattan Guinée
Almamya, rue KA 028 OKB Agency
BP 3470 Conakry
harmattanguinee@yahoo.fr

L'Harmattan RDC
185, avenue Nyangwe
Commune de Lingwala – Kinshasa
matangilamusadila@yahoo.fr

L'Harmattan Congo
219, avenue Nelson Mandela
BP 2874 Brazzaville
harmattan.congo@yahoo.fr

L'Harmattan Mali
ACI 2000 - Immeuble Mgr Jean Marie Cisse
Bureau 10
BP 145 Bamako-Mali
mali@harmattan.fr

L'Harmattan Togo
Djidjole – Lomé
Maison Amela
face EPP BATOME
ddamela@aol.com

L'Harmattan Côte d'Ivoire
Résidence Karl – Cité des Arts
Abidjan-Cocody
03 BP 1588 Abidjan
espace_harmattan.ci@hotmail.fr

Nos librairies en France

Librairie internationale
16, rue des Écoles
75005 Paris
librairie.internationale@harmattan.fr
01 40 46 79 11
www.librairieharmattan.com

Librairie des savoirs
21, rue des Écoles
75005 Paris
librairie.sh@harmattan.fr
01 46 34 13 71
www.librairieharmattansh.com

Librairie Le Lucernaire
53, rue Notre-Dame-des-Champs
75006 Paris
librairie@lucernaire.fr
01 42 22 67 13

www.ingramcontent.com/pod-product-compliance
Lightning Source LLC
LaVergne TN
LVHW011310061026
849535LV00005B/1495
* 9 7 8 2 3 3 6 4 0 2 3 7 6 *